文天祥传

天地正气

田崇雪 著

中国出版集团 东方出版中心

图书在版编目(CIP)数据

天地正气：文天祥传 / 田崇雪著. -- 上海：东方
出版中心, 2025. 1. -- ISBN 978-7-5473-2594-0

Ⅰ. K827=442

中国国家版本馆 CIP 数据核字第 202540L6Z6 号

天地正气：文天祥传

著　　者　田崇雪
策划编辑　潘灵剑
责任编辑　刘玉伟
封扉设计　余佳佳

出 版 人　陈义望
出版发行　东方出版中心
地　　址　上海市仙霞路 345 号
邮政编码　200336
电　　话　021 - 62417400
印 刷 者　上海盛通时代印刷有限公司

开　　本　710mm×1000mm　1/16
印　　张　12.75
字　　数　140 千字
版　　次　2025 年 5 月第 1 版
印　　次　2025 年 5 月第 1 次印刷
定　　价　68.00 元

序

中央电视台《百家讲坛》制片人　曲新志

蒙军骄狂的马蹄声敲碎临安城清晨的那个冬日,传说西湖的荷花突然反常地开了。那些不谙世事的荷花们开得那么没心没肺,那么触目惊心,仿佛历史的画笔在此处晕染了一抹猩红,那是宋王朝的血色黄昏。

被蒙军扣留的文天祥目睹了那一天。

三年后,几十万宋朝军民在崖山对蒙军作了几近无望的最后抵抗,并毫无悬念地惨败。波涛起伏处,尸堆如山,血水使那一片海域变得浑浊。绝境中的大宋将士臣民们,一批批地从船舷上鱼贯而跃,将身体和一个王朝的绝望交给了大海。宋王朝自此灭亡。

处于囚禁中的文天祥被迫观看了这幕凄惨的历史现场。

后来,他的女儿被俘为奴,受尽蒙军凌辱。蒙军以其女儿作为要挟,让她劝降文天祥。女儿的那一声悲惨的"爹爹救我",之于文天祥这位父亲,如割肠胃。

他在被关押的地牢里看了女儿的求救信。文天祥含泪回复："今日事到这里，于义当死。"他这是自断软肋，劝女儿死，以此表明自己的决绝。

荒诞的是，再后来，他竟还看到被蒙古人弄来的宋恭帝劝降他。这位皇帝大概说了："连我都投降了，你还坚持什么。"

文天祥跪拜后回答：宰相不降，大宋就没有亡。

亲历和见证了那么多椎心泣血的历史时刻，遭受了那么多无力回天的无奈；被强加的失败、屈辱，时刻如蛆虫噬心……文天祥不幸成为最悲惨的历史目击者和苦难承受者。

如果从纯粹功利的角度来看，也许文天祥算不上一个优秀的领军者和杰出的抵抗者。面对横扫欧亚大陆的强大野蛮的蒙古战争机器，一介书生的他散尽家财，一次次组织抵抗，却一次次归于失败。终其一生，也没有取得一次战役性的胜利，更没有建立挽狂澜于既倒的不世之功。于此，我们心有不甘，却不得不痛心地承认，他是他所处的那个山河崩摧的时代铸就的失败者。

然而，这个孤勇的"失败者"却是那个奄奄一息的屏弱时代的铁肺。他强有力的带血的呼吸，是我们民族精神生生不息的一个气口。这一呼一吸间，开辟出了我们云蒸霞蔚的精神天空，这就是他一直信仰并坚持的凛冽的天地正气。

天地有正气。

他当然是我们引以为豪的英雄。当整个时代如谷粒被筛打、如齑粉被碾压的时候，他迎头而上，知难而为，以死报国。但在我心中，他更是天下读书人的精神标杆，是儒者的精气血骨，是士大夫刚正仁勇的完美化身。每每读他的《正气歌》及序文,读他的《与妹书》,读他血泪凝成的诗句,便仿佛看到了他在大都土牢里对自己信仰一遍遍的称量与反思,以及称量与反思之中的坚忍与守护。如果你能够理解这种坚忍与守护,我想告诉你,那是两千年的儒者之气汇于一身,那也是一个时代的屈辱如万箭般戳于一心啊。

因此文天祥是伟大的。

也因此,我在担任《百家讲坛》制片人期间,耿耿于心地、近乎执拗地要做文天祥这么一个系列。

我几乎是怀着托付之心把这个选题交给田崇雪老师的。

在跟田老师说这个选题时,我并没有把我的心思说得那么严重。因为以我对田老师的了解,我知道他一定会感受到这个选题的分量,也相信他对文天祥有独到的理解。

在此之前,以及之后,我与田老师接触不算多,却有神交。我们不时会微信聊天。隔空聊天,话题自然是天马行空。我们同时惊讶地发现:彼此的阅读虽然庞杂,却又有着如此多的重合。相同的审美与基本观点使我们越来越有惺惺相惜的感觉。田老师是儒雅学者,却有着浓浓的诗人气质;为人谦逊,却藏不住心里的那份骄傲和自尊。说话时总爱眯眯地笑,笑得像徐志摩软糯的诗句。但就在你以为他就是个江南才子时,他的话语又往往有惠特曼诗一般的斧斤伐木之声。当然,我们的聊天大多还是围绕工作,工作的核心离不开传统文化的话题。也是在聊天中,我感受到了他在文史哲方面的深厚学养。他每每有发人深省的观点,也常常冒出一些好玩的警句。

接到选题任务差不多半年后,田老师关于文天祥的讲稿写出来了。读之心情为之蔚蓝。这是一部文学性极强的文稿,场景、心理、情节的刻画都生动到位。在分析《正气歌》时，他甚至运用了古希腊思想家朗吉努斯的理论进行比照，把《正气歌》讲出了一个全新的境界。他在文本结构和叙事逻辑上煞费苦心。其历史叙事，在纵向的时间轴上，将文天祥的人生道路拆解为文化血脉的传递链：从欧阳修谏笔到杨邦乂断颅，从胡铨流放之路到白鹭洲书院晨钟，每个节点都是儒文化的精神驿站。而在横向的空间维度，吉州老宅的竹影，临安殿试的烛火，零丁洋的浪涛，大都土牢的"七气"，则全景式、立体化地构成了文天祥的精神地图。

作者在史料考据方面更是下足了功夫，在这方面我能强烈地感觉到他的功夫——所谓功夫就是指他的史见和对史料的敏感。他很善于在史料的缝隙处捕捉人们容易忽略的细节，然后将这些细节进行放大；让我们在大历史的景观中，又能看到历史细节的特写。比如作者在写文天祥之死时，以工笔画的笔触，详尽描述了见之于史书的一场沙尘暴，以及人们面对沙尘暴的不同文化心态。这一段，作者笔调极为冷峻、从容、克制，但对文天祥的爱与痛惜，却更具力量。

写作《天地正气：文天祥传》的田老师，是在时空之河里撑篙溯游的摆渡者。他以现代人的目光审视历史，以文学之笔探索人物内心，使圣贤人物不再是祠堂里刻板的石雕木塑，而是有体感、有呼吸，在时代波涛中挣扎求索的血肉之躯。这本书让我们对文天祥这样一个读书人、儒者，有了更为崇高和亲切的理解。我想，在田老师的写作过程中，在我们的阅读过程中，都会升腾起对文天祥的敬意。

是的，他是我们读书人的标杆。

2025 年 3 月 30 日

最后的跪拜：仁至义尽

——《天地正气：文天祥传》自序

在中国科举史上，曾经涌现过十多万名进士；而作为这个庞大知识分子群体之巅峰的"状元"，则是寥若晨星。文天祥又是晨星当中最亮的一颗。之所以说其"最亮"，是因为他不只是文章第一，更是知行合一。他是一位轻生死、重大义、敢担当的大丈夫，用一句传统曲艺中常用的套语来说，他是真正的"擎天白玉柱，架海紫金梁"。

可惜的是，这根顶梁柱却偏偏生错了时间。

一、文天祥的生：生于末世运偏消

公元 1279 年农历二月初六，世界战争史上罕见的崖山海战以南宋约十万军民投海殉难告终。自兹之后，国祚三百一十九年的赵宋王朝终于不必再苟延残喘。历史的字幕上赫然打上了新朝的名字：元。

事件发生之后，往往被历史学家说成是历史的必然，其实未必，这要看把"必然"放到一个什么样的历史坐标里面。倘若就赵宋论赵宋，的确如此；倘若把赵宋放到整个中国历史这一大的坐标里面，与其他朝代作个对比，赵宋的灭亡就没有多少必然性可言。因为按常理常情，赵宋王朝有着太多成功的机缘，有着太多的兴旺发达的契机；可它偏偏又有太多逆情悖理之处，有太多不想兴旺发达的皇帝、官员。这怎能不让后来的读史者唏嘘、怅然！

那么，生当宋朝的黎民百姓们就只能埋怨生错了朝代。是的，是生错了朝代。还原一下当时的"天下大势"，我们看到的是历史的荒诞：北宋曾经制定过联金抗辽的政策；结果是辽灭之后，金国很快便兵临汴京城下，北宋很快就被金国所灭。南宋重蹈北宋覆辙，继续制定了联蒙抗金的政策；结果是金国灭亡之后，蒙古大军很快就挥鞭南下，直逼长江防线，都城临安，岌岌可危。

正是在宋蒙联合灭亡金国之后的第三年，也就是公元 1236 年，文天祥诞生了。这一年，蒙古大军发动全面南侵，直指西蜀、两淮。

从文天祥的出生、成长、登科、入仕、宦海沉浮，一直到被俘、被解北上，伴随着他的人生历程的始终是蒙古铁骑的长驱直入，大兵压境。

外部环境如此，内政又当如何呢？

王朝末代的故事大抵相似：君昏臣佞、体制溃烂、病入膏肓……南宋进入了它的衰亡轨道。虽然，历史曾经给予过文天祥以无上的荣光：二十一岁进士及第，拔得头筹，被钦点为状元；二十四岁丁忧期满，入仕为官。但非常玩笑的是，钦点其状元的理宗皇帝此时已年届五旬，皇帝已经干了三十多年，和他所代表的宋朝一样正在末路上一路狂奔。所谓钦点状元，也不过是拿来装点一下朝廷"爱才惜才"的门面而已。想被重用？门都没有。

其实，有着潘安貌、子建才的文天祥，完全可以凭着状元的头衔和光环,和历史上那些浮浪文人一样,秦楼楚馆,倚翠偎红,文采风流过一生;顶多写几首哀叹时运不济、命运不公的诗词,发发无伤大雅的牢骚,还能博得一个忧国忧民的美名。可是,读圣贤书长大的文天祥在国难当头之际,却没有选择做个"文人",而是选择做个"战士"。这便注定了其坎坷的一生和最终的悲剧结局。

二、文天祥的活：信仰是面不倒的旗

最后望了一眼被殉难军民的鲜血染红的崖门海面,文天祥长揖再拜,负械北上,开始了他更为艰难的"万里行役"。

时令正是暮春,眼中狼烟未散,耳畔杜鹃声声。

"从今别却江南日,化作啼鹃带血归。"慷慨赴死易,从容就义难。此番万里行役,想慷慨赴死是不可能的了;真正的考验还未来临,必须为这一切做好准备。好在这一生不知死过多少回了。既然死亡已经成了生命中的常客,那就没有什么可恐惧的了。只是不知道老母、妻子、儿女都在何方,一并毁家纾难、起兵勤王的战友们都在何方?难道都殉国了吗?还好,你们还可以殉国,还有国可殉,可怜我连殉国的权利也没有了。

"一山还一水,无国又无家。"我只有南方,美丽的南方,桑梓的南方,故国的南方。万里行役的寂寥使文天祥陷入了对往事的回忆。"辛苦遭逢起一经",这是前几日过零丁洋时所作七律的首句。不错的,一部《易经》使他悟到了宇宙万物的生生不息。"天行健,君子以自强不息",曾经作为一盏信念之灯,安放在精神之塔,在茫茫的虚无之海上照彻了他生命的航程;尤其是在从京口到通州的那段岁月。

"几日随风北海游，回从扬子大江头。臣心一片磁针石，不指南方不肯休。"这是他在"万难脱京口，九死走通州"之后，自海路南归、重过扬子江口时写下的七绝。诗句看似简单平实、明白如话，其中蕴藏着的却是对行将陆沉的祖国的一腔深情：万死不辞，狐死首丘。可叹的是，这样的"磁针石"在彼时的南宋朝廷上屈指可数，文天祥更是其中鲜红的、带血的一枚。之所以九死还未死，全靠心中的这盏信念之灯。

而今，这盏灯的亮度已渐趋微弱，不知道还能否照我北游。故乡快要到了，"狐死首丘"，与其去寒冷的北国作徒劳的周旋，不如就葬在这故乡的热土吧，人终究是要死的。打定了"狐死首丘"的主意，文天祥开始绝食。刚一被俘的时候，文天祥曾经试图服毒自杀，没有成功；现在又要绝粒，元军却"掩鼻以灌粥酪"。敌人是不会轻易让他就死的，尤其是忽必烈，他比文天祥所辅佐过的任何一个皇帝都更懂得文天祥的价值。他幻想着能用真诚打动这颗"磁针石"之心，使其以事宋之心事元。

既然"狐死首丘"也做不到，就索性活下来吧，顺便看一看北国风光，领教领教这草原王朝的首领们到底有着怎样的政治手腕。

建康远了，真州去了，扬州在望中，高邮随波退。淮安、宿迁、邳州、徐州……渐去渐远，渐远渐寒。从暮春到深秋，从南疆到北国，文天祥把这万里行役当作了壮游，当作了又一次的生命锻造。

农历十月，北国正寒。好在自幼生长在江南的文天祥，早已做好了抵御一切严寒的准备。不食元粟，不寝元帐，不听元劝，不受元恩，不怕元威。抱定了这颗"磁针石"之心，任你百折千磨。从妻子儿女开始，随后依次是留梦炎、阿合马、孛罗，直到元世祖亲自上阵，或劝或胁或诱或摧，都没能使之动摇。从1279年十月文天祥到燕京起，至1282年十二月初九日文天祥就义止，三年又两个月，忽必烈从来就没有停止过劝降，文天祥也从来没有妥协过、示弱过、服输过——无论面对什么样的局面，都是一派坦然自若的气度。

那么该怎样评价文天祥的这种"铁石心肠"呢？"忠君"？"爱国"？是，又不完全是。君在臣在，君亡臣亡，君降臣降，是儒家尤其是宋朝理学家所标榜的万世不易的定理。文天祥化学来新，对一个"忠"字有着自己独特的理解：首先是忠的对象应该是谁的问题，其次是那个高高在上的圣上本身也有一个忠与不忠的问题。这些思考在当时来说都已经触及了红线，游走在危险的边缘。

那么是一种什么样的力量支撑着他这面不倒的旗呢？是正气，源于丹田的浩然正气；是由孟夫子提出，被阐扬了千百年的浩然正气。

天地有正气，杂然赋流形。下则为河岳，上则为日星。
于人曰浩然，沛乎塞苍冥。皇路当清夷，含和吐明庭。

从浩然正气的诞生（宇宙苍穹），到浩然正气的赋形（天地人），再到纵贯千秋的十二位历史先贤——像无数把火炬排起了长龙，一齐向他走来，文天祥情感的火花由此点燃。他热血沸腾，不能自已。于是，有了这惊天地泣鬼神的《正气歌》。

三、文天祥的死：亡国不是亡天下

文天祥肯定动摇过，也肯定恐惧过，因为他和芸芸众生一样，也是血肉之躯。但文天祥毕竟超越了芸芸众生。他的动摇与恐惧，非关信念根基不牢，亦非畏死，而是源于对生命意义的深刻诘问。

　　我们知道，历朝历代都会有宁死不降的忠臣良将，但文天祥和他们不同，文天祥在"忠良"之上还多了一份世人难以理解的"孤独"，堪称是"孤臣"。一般的忠臣，纵然是杀身成仁，舍生取义，他还有期望，还有依赖：他相信他的身后有国家、有同胞、有青史，他可以认为自己死得其所、重于泰岳，他深知他的死亡一定有意义。而文天祥和这些忠臣完全不一样：因为在他身前，宋早已亡；在他身后，无国无家无君无父，是历史的巨大亏空，是无边的黑暗和孤独。虽然他也曾信心百倍地宣称，要"留取丹心照汗青"，实则是在为自己打气、鼓劲。我们现在当然知道，他所信奉的那些圣人之言、文化道统仍将代代相传；可是在文天祥所处的时代，他如何能够料到？有"义"可"就"，当然不怕；问题是，这个"义"还将继续存在吗？

　　死不可怕，可怕的是死不得其所。他可以飞蛾扑火、慷慨赴死，但不能不追问生命的意义、人生的价值！也就是说，他要给自己寻找一个赴死的理由。

　　他没有别的精神资源、思想武库，他只能从历代先贤那里寻找那个支撑点。于是他找到了历经千年而不倒的信念之旗：孔子的仁义，孟子的浩然之气。所以临终遗言才是："孔曰成仁，孟曰取义。惟其义尽，所以仁至。读圣贤书，所学何事。而今而后，庶几无愧。"

　　"仁至义尽"四个字使文天祥不再孤独、不再恐惧，求仁得仁，从容赴死。要知道，文天祥是在被俘的第五年、亡国的第四年、被囚的第三年才死去的；在等死的岁月里，得给自己找到活下去的理由。这个理由就是：士可杀，不可辱！国可亡，道不可亡！

　　文天祥之死的非同寻常之处在于：它给了元统治者最后的也是致命的一击——你可以雄兵百万，横扫欧亚，却征服不了一个白面书生的心；它还坚定了那些在国破家亡之后、踯躅徘徊、进退失据的文化遗民的最后的信心——有文丞相在，就不孤独。文丞相最后的跪拜，拜的不再是南宋王朝，而是南宋的大好河山，而是文明最后的尊严。这让那些处于绝望境地、失却归属感的文化遗民找到了精神上的归宿：国家可以亡，但天下没有亡。只要有《正气歌》在，文明的精魂、道统就不会亡。故而，文天祥不是一般的英雄，而是山河破碎时的精神风标，文明存续的精神火种；其诗也不是一般士大夫的风花雪月，而是悲剧精神的艺术承载，是真正的英雄史诗。

田崇雪

2025 年 3 月于徐州

目录

第一讲 艰难时世

在南国,在茫茫大海上,一场汹涌澎湃的海潮铺天盖地,呼啸而来,一场中国古代战争史上规模空前的海战伴着滚滚的海潮打得正酣。

浓烟蔽日,战火连天。流血漂橹,海水为浑。

历史这个最大的导演将镜头一摇,一个大广角瞬间变成了一个大特写:

四十五岁的大臣陆秀夫背起八岁的皇帝赵昺,纵身一跃,沉入大海。一个三百多年的王朝,竟以如此惨烈的方式宣告了落幕。

这不是在拍电影,这是历史的真实瞬间。

时间:1279 年农历二月六日。

地点:广东,南海,崖山。

交战双方:一为蒸蒸日上的元朝,一为气息奄奄的宋朝。这就是历史上著名的崖山海战。

非常不幸的是,历史这个无情的导演却偏偏让作为"末代顶梁柱"的文天祥置身局外,做了这场残酷海战的旁观者、"场记员"。

眼睁睁地看着故国陆沉,自己却只能向隅垂泪,文天祥写下了其四十七年人生中题目最长的一首诗,即《二月六日,海上大战,国事不济。

孤臣天祥，坐北舟中，向南恸哭，为之诗曰》：

　　……一朝天昏风雨恶，炮火雷飞箭星落。谁雌谁雄顷刻分，流
尸漂血洋水浑……惟有孤臣雨泪垂，冥冥不敢向人啼……

接下来，让我们轻轻地合上这一页沉重的历史，回溯到四十五年前，文天祥出生之前的那一段沸腾的岁月，看一看是怎样的艰难时世孕育了这么一位旷世的文章魁首、才子班头、状元宰相、抗元名将。

书香世家

四十五年前，也就是南宋端平元年，公元 1234 年。这是一个非常特殊的年份，也是一个特别好记的年份。

这一年，对偏安于江南的南宋王朝来说是一场梦魇的结束，但也是另一场梦魇的开始。

这一年，南宋王朝联合新崛起的蒙古汗国，打败了金国。被金国纠缠了一个多世纪的赵宋王朝貌似终于解脱，可以喘口气了。然而，好景不长，就在金国被灭的第二年，也就是 1235 年，蒙古就兵分三路，大举南下，向南宋发起了总攻。

这真是应了著名词人辛弃疾六十多年前的预言："仇虏六十年必亡，虏亡则中国之忧方大。"（刘壎《隐居通议》卷二十引谢枋得《江东运司策问》）

发出类似预言的还有当时任南宋王朝参知政事的真德秀："金有必亡之势，亦可为中国忧。"（《宋史·真德秀传》）

　　至此,南宋王朝新的梦魇又开始了,并持续了将近半个世纪,一直到前面讲到的崖山海战,南宋覆亡。

　　我们这本书的主人公文天祥就诞生在南宋王朝梦魇开始后的第三年,即 1236 年。

　　1236 年六月六日,文天祥出生在江西吉州庐陵县(今江西省吉安市)一个美丽而宁静的小山村——富川镇。

　　吉州的地理位置非常重要,正好处在湘赣交界、赣江中游地带,经济文化相对发达,素有"江西望都""文章节义之乡"等美誉。地方官学、书院、私塾并立,读书求仕之风盛行,"士相继起者,必以通经学古为高,以救时行道为贤,以犯颜敢谏为忠,家诵诗书,人怀慷慨","俗尚儒学,敬老尊贤,豪杰之士喜宾客,重然诺,轻货财"(《吉安府志》)。

　　文天祥就是在这样一个崇节尚义、重诺轻财的环境下成长起来的。

　　据说文天祥这个名字,是其祖父文时用起的。

　　文时用梦见婴儿乘祥云缓缓而降又飘然而去,醒来恰逢孙儿呱呱坠地,遂以"云孙"为其大名,"从龙"为其小名,"天祥"为其表字。

　　文家在乡间颇有名望,其祖辈因为良好的道德操守,被称为"君子长者"。

　　文天祥的父亲文仪,字士表,号革斋。他"才思翩翩,威仪抑抑";嗜书如命,藏书甚丰;经年苦读,学问渊博。他腰间的韦佩上刻有一"革"字,因此,时人便称其为"革斋先生"。一个"革"字即可见出文仪"化学来新"的精神气质,同时也深刻地影响着文天祥"法天不息"的人生观念。文仪自己虽一生未曾考取功名,却勤于著书立说,成了远近闻名的大儒,有《宝藏》三十卷、《随意录》二十卷刊布。

　　年幼的文天祥能有这样一位博学的父亲作为蒙师,真是幸运之至。

稍长，文仪亦曾给文天祥兄弟聘请曾凤等"名师端友"为塾师。后因"金尽"，复"亲督之"。

文仪爱竹，因竹子有着"身可焚而不可毁其节，干可断而不可改其直"的固有特性，并以此教育儿子要堂堂正正做人。

文天祥不仅从文仪身上继承了天资聪颖、过目不忘的优良基因，更继承了这样一种"一身正气，风骨凛然"的君子之风。

宝祐四年（1256），文仪弥留之际，向刚刚被钦点为状元的儿子文天祥留下的遗言就是："我死，汝惟尽心报国家。"（郑思肖《文丞相叙》）

文天祥不单单有严父的言传身教，还有慈母的谆谆教诲。

文天祥的母亲叫曾德慈，是江西吉州太和县（今江西省泰和县）曾珏的女儿，也是书香门第。曾珏，字天锡，号义阳逸叟，是一位饱学之士。文天祥在为外祖父撰写的墓志铭中说他"性颖悟，志不乐凡近，读书数百家，虽涉猎，靡不通达"，"议论刚正，好面折人，不藏怒宿怨，有古君子之风焉"。

文天祥的母亲曾德慈就是在这样一位严父的熏陶下慢慢长大的。

文天祥的弟弟文璧在《齐魏两国夫人行实》中说母亲"生有挚性，事舅姑尽孝，相夫子以俭勤，自奉极菲泊"。

文天祥在《邳州哭母小祥》（小祥：古时父母丧后周年的祭名）诗中说："母尝教我忠，我不违母志。"

文天祥小时候，母亲经常给他讲一些庐陵先贤的故事，尤其是"庐陵四忠"欧阳修、杨邦乂、胡铨和周必大的故事。母亲说这四位大忠臣是忠心耿耿又堂堂正正的君子，是大家学习的榜样。

1274年，蒙军攻陷鄂州（今属湖北），朝野震动。谢太后下《哀痛诏》，传檄四方，号召天下兵马入京。文天祥闻讯，舍家纾难，起兵勤王，曾德慈将自己珍藏多年的首饰变卖后充作军资。文天祥劝阻母亲说：
"这可是您私人最钟爱之物啊！"年近六旬的文母却深明大义地回答道：
"国难当头，哪有什么私人公家。"随后更是将老家的农田房舍全部出售
换钱，用以支持儿子报国。

文天祥的老师曾凤是当地大儒，做过衢州府学教授、国子监丞。

书香世家，名师训导，成就了文天祥的少年儒气、英气、豪气。

然而，再好的环境也只是外因，更为重要的是内因。

文天祥如饥似渴地从传统的文化典籍中汲取着中华文化博大精深
的知识和智慧、美德和思想。他在给朋友江西安抚汪立信的信中如此
描述自己当年的心态志向："某少也驱驰，尝有意于事功，鸡鸣奋发，壮
怀固在。"

由此我们也可以看出，英雄人杰的出现并非偶然，淳厚的家风，严
谨的家教，"三更灯火五更鸡"的功夫，聪颖的天资，所有这一切成就了
文天祥优秀的人格和高尚的情操。特别是少年时期的文天祥所经历的
一件事，对其有着相当深远的影响。

某年，文仪筹划着再建一幢房子，木料已经准备好了，马上就要动
工了，突然，时疫暴发，死了很多人。很多穷人家无力安葬死去的亲人，
只好曝尸荒野。文仪看到之后非常难过，对文天祥兄弟们说："吾可无
居，人不可无殓。"于是，请来木匠，把盖房子用的部分木料打成了棺材，
无偿地送给那些穷人家殓葬亲人。文仪钦佩北宋钱公辅《义田记》中所
记载的范仲淹购置"义田"，"施贫活族"的善举，以及晏子"敝车羸马"而
周济全族乃至齐国士人的事迹，并发下誓愿："我一旦得志，也要这
样做。"

他果然做到了。每遇灾荒之年，文仪都会把自己家的粮食拿出来

救济灾民；对亲属中孤苦贫寒的人，他矜恤抚养，不遗余力；大比之年，对那些穷得连路费都凑不齐的儒生，文仪都会倾囊相助，供其赴考。

文仪用实际行动告诉孩子们不能为富不仁。也正是因为出生在这样淳朴贤良的家庭，又长期受着双亲言传身教的熏陶，才造就了后来"三千年间，人不两见"（王炎午《望祭文丞相文》）的文天祥。

年龄渐长，学问也渐长，私塾家教已经满足不了文天祥的求知欲，为此他不得不离开家乡到百里之外的侯城书院求学。在此期间，他曾在山坡的红土地上种下过五棵柏树，并把其中一棵倒植，而且还当着同学们的面祝祷道："吾异日大用，尽忠报国，此柏当生。"

也正是在侯城学院求学的这段时间里，文天祥得以游学于吉州的乡校。当他看到乡贤祠中供奉的欧阳修、杨邦乂、胡铨等先贤时，更是许下了宏愿："殁不俎豆其间，非夫也。"什么意思呢？就是说死后如果不能和这些先贤并列，享受世人的供奉、崇拜和祭奠，我就不是大丈夫！这可真是"少年心事当拿云"，多么热血沸腾，慷慨激昂！

欧阳修、杨邦乂、胡铨都是什么样的人，"儿时爱读忠臣传"的文天祥当然知道。

欧阳修，一代大儒，开宋三百年文章之盛，被后人列为唐宋八大家之一，"论事切直，人视之如仇"；

杨邦乂，被金兵俘虏，拒绝投降，以头撞柱，后被剖心而死；

胡铨，反对宋高宗向金人求和，冒死乞斩秦桧，被以"狂妄凶悖"的罪名而流放。

这些人死后都被谥以"忠"字，堪称是传统士大夫人格精神境界的高标。

榜样的力量再次感召着文天祥向这些先贤走近、看齐。

时代危局

"幼蒙家庭之训""长读圣贤之书";

"生平爱览忠臣传,不为吾身也陷车";

"少年狂不醒,夜夜梦尹吾";

"慷慨为烈士,从容为圣贤";

"至今出师表,读之泪沾胸";

"李陵罪在偷生日,苏武功成未死时"……

所有这一切仍然不足以成就一个顶天立地的文天祥。还需要等待,等待历史的契机。这个契机就是政权矛盾的加剧,就是政治危局的加深,就是取金而代之的蒙古人的大举南侵。

文天祥出生的前一年,蒙古大军已兵分三路,南下侵宋。

文天祥出生的这一年,三路大军中的西路已经攻陷了成都(今属四川),中路已经攻陷了襄阳(今属湖北)。襄阳的失守,标志着南宋长期固守的京湖边防已被突破,长江江防岌岌可危,都城临安(今浙江省杭州市)受到严重威胁。

宋蒙两军,自西而东,四川、京湖、两淮三大战场的厮杀伴随着文天祥从童年、少年一直到成年。

1256 年,正是文天祥在殿试的考场上奋笔疾书,尽情挥洒,被钦点为状元的那一年,蒙古军平服了大理国。

再看大宋。

其实,赵宋王朝从它建立的那一天起,就奉行一种所谓"守内虚外"、苟且偷安、得过且过的"乌龟外交":

国家若无外忧，必有内患。外忧不过边事，皆可预防；惟奸邪无状，若为内患，深可惧也。帝王用心常须谨此。（《续资治通鉴长编》卷三十二）

这就是大宋开国第二任皇帝太宗赵光义的原话，他认为"内寇"比"外敌"还要危险、可怕，甚至认为外忧可以有效地缓解内患。

"即便是当了亡国奴也比被自己的臣民推翻好。"这就是赵宋王朝的"混蛋逻辑"！不幸的是它后世的不肖子孙竟将此作为一项"国策"全盘继承而且"发扬光大"。由此，也就不难明白赵宋王朝的对外战争缘何屡战屡败、不败也败了。

任你杨令公有扭转乾坤的能耐，任你"岳家军"有"还我河山"的雄心，任你陆游有"不见九州同"的悲慨，任你辛弃疾有将"栏杆拍遍"的苦闷，就是不准你打胜仗！只准你守，不准你攻；只准你败，不准你胜！特别是"澶渊之盟"，那就是一个历史罕见的明明打了胜仗却还要给人家赔款的屈辱协议。澶渊之盟固然换来了宋辽百年的和平，然而，也正是这百年的和平让整个北宋"忘战去兵""武备皆废"，以至于酿成"靖康之耻"那样的惨祸。到了南宋，像澶渊之盟这样的协议就更是变本加厉。"绍兴和议"就是一个新版的澶渊之盟。

绍兴和议这一投降条约签订于抗金战场捷报频传，金兵节节败退的关键时刻。宋高宗与宰相秦桧唯恐战况有碍对金议和，在解除了韩世忠、张俊、岳飞三大将的兵权，甚至制造了岳飞冤狱之后，于绍兴十一年（1141），与金达成和议：宋向金称臣，金册宋康王赵构为皇帝；划定疆界，东以淮河中流为界，西以大散关（今陕西省宝鸡市西南）为界，以南属宋，以北属金；宋每年向金纳贡银二十五万两、绢二十五万匹。绍兴和议确定了宋金之间政治上的不平等关系,结束了长达十余年的战争状态,形成了南北对峙的局面。

这是赵宋王朝的对外国策,那么它的内部又是如何呢?

先说皇帝。

文天祥出生、成长的时代,正是宋理宗当政。宋理宗赵昀,是赵宋王朝的第十四位皇帝,南宋的第五位皇帝,在位四十年,在赵宋王朝十八位皇帝中,在位时间之长仅次于宋高宗赵构的四十五年,与宋仁宗赵祯执政年数相当。

宋理宗赵昀是在二十一岁的时候被史弥远拥立为帝的,所以,他在位的前十年都是在权相史弥远挟制之下,对政务完全不过问,一味尊崇理学,纵情声色。直到绍定六年(1233),史弥远去世,赵昀才开始亲政。亲政之初的赵昀也的确想励精图治,以"中兴"为己任,采取了罢黜史党、亲擢台谏、澄清吏治、整顿财政等改革措施,有过一段"端平更化"的气象。可是,好景不长,步入中年之后的赵昀很快又沉湎于醉生梦死的荒淫生活,朝政相继落入丁大全、史嵩之、董宋臣、贾似道等奸相之手,国势急剧衰微。

因此,这里就不能不提到这些把持朝政的权臣。

先不说这些权臣人品如何,先看看他们当国之时所做的事情。

当时的京湖制置使孟珙,三次出兵均获大捷,并且收复了襄阳、樊城(今湖北省襄阳市)、信阳(今属河南)等军事重镇;又分兵增援淮南和四川,击退四川方面蒙古军的进攻,使京湖和四川间的长江通道得以保全。他还多次上奏朝廷,请求接受曾经叛蒙的北军将领归降,可是都遭到了朝廷的拒绝,致使他郁郁而终。

再如当时的四川制置使余玠,革除弊政,整顿军纪,构筑了后世闻名的山城防御体系——钓鱼城（故址在今重庆市合川区）。他经营巴蜀，不遗余力，扭转了残破的局势，为支撑南宋王朝半壁河山作出了杰出贡献。就是这样一位名将，却遭到了宰相谢方叔和参知政事徐清叟等的诬告，说他独掌大权，不知事君之礼。理宗竟相信了，以金牌密令召其还朝。余玠知有变故，愤懑成疾，暴卒于四川。余玠死后，"蜀人莫不悲慕如失父母"。理宗后悔了，为之辍朝，特赠五官。紧接着，御史吴燧在宰相谢方叔指使下进一步罗织余玠"聚敛罔利"的罪名，理宗又相信了，下诏查抄余玠家财，削去资政殿学士等一切官职，并迫害其亲友。后又迫于朝内抗蒙形势和民间压力，下诏追复余玠官职。

昏君佞臣，翻云覆雨。为了苟安，为了一己之私，完全置国家大义而不顾，肆意迫害那些忠臣良将。

生在这样的一个内外交困、危机随时爆发、国家随时崩盘的时代，稍有良知者怎么可能不愤懑、不谴责、不批评、不质疑、不反思、不忧心？绍兴和议是澶渊之盟的重演，联蒙灭金是不是联金灭辽的重演？靖康之耻还会重演吗？

生在这样一个连脊梁都无法挺起的朝代，英雄只能气短，百姓只能气闷；后世的旁观者则只能为英雄扼腕，为百姓哀叹，对当国者感到愤恨：自作孽，不可活。

不幸的是，文天祥偏偏就生长在这样的一个朝代，而且是末代。文天祥的个人命运便与一个王朝末代的命运绑在了一起。

尤为不幸的是，作为思想家、政治家的文天祥早就看到了这一点，看到了国家病入膏肓的病理、病源。因此，比起他的前辈杨令公、岳飞、陆游和辛弃疾来，文天祥多了一种"法天不息"的革新精神和进取精神：要彻底扭转乾坤，必须从最根本的国策上改革。因此，将其看成"赵宋王朝三百年间第一明眼人"应该是不为过的。这也正是文天祥英雄悲剧的根源所在：清醒地、理智地面对祖国的陆沉。

薪火相传

疾风知劲草，板荡识诚臣。

疾风板荡的时代，文天祥正在为能够成为一代诚臣作最后的拼搏和冲刺。他进入了远近闻名的白鹭洲书院，在这里的时光虽短，却对其一生产生了深刻的、决定性的影响。在这里，他结识了他生命中最重要的两位恩师：欧阳守道和江万里。

白鹭洲书院位于赣江的江心白鹭洲，是吉州知军江万里于南宋淳祐元年（1241）创建，为江西四大书院之一。它在当时起了榜样的作用，遍布吉州城乡的大大小小书院相继建立并繁荣起来。

书院的灵魂在于山长，作为书院的创办者，江万里自然是首任山长。那么，江万里又是何许人也？江万里，字子远，号古心，南康军都昌（今江西省九江市都昌县）人，南宋末年士林和文坛领袖。年轻时，以乡举被选入太学读书，是朱熹的再传弟子。历任池州教授、著作佐郎，最高做到左丞相兼枢密使。他秉性耿直，刚正不阿，因与权臣贾似道不和而辞去相职，出知福州、福建安抚使，后改任潭州（今湖南长沙一带）知府、湖南安抚大使，最后以年迈而辞去所有官职，返居饶州（今江西省鄱阳县）。在元军攻陷饶州之后，投水殉国。

薪火相传，江万里去后，白鹭洲书院山长的接任者是其学生欧阳守道。欧阳守道，字公权，一字迂父，初名巽，晚号巽斋，学者称巽斋先生，吉州人。欧阳守道年少孤贫，自然也请不起先生，完全靠自学成才，被乡里聘为子弟师，靠着自己的德行被推为一郡儒宗。淳祐年间，中了进士，授雩都（今江西省于都县）主簿，调赣州（今属江西）司户。丁母忧归。江万里赏识其才华，首聘其至白鹭洲书院为诸生讲说；后应湖南转运副使吴子良的聘请，为岳麓书院副山长；又经江万里推荐为史馆检阅，授秘书省正字。文天祥、邓光荐、刘辰翁等皆出其门下。主要著作有《易故》《巽斋文集》。

从江万里和欧阳守道初见时的一段佳话，即可看出欧阳守道的人格和人品。

欧阳守道在进士及第之后，受到知州江万里的接见。可能是听说欧阳守道自幼失怙，家贫力学，不到三十岁即以德行为乡郡儒宗，江万里就想考考他。于是就问他："听说天下人称吉州为'欧乡'，想必欧阳文忠公在此后裔很多，你欧阳守道是欧阳修的第几代子孙呢？"这个问题可谓绵里藏针，客气里藏着不客气。没有想到的是欧阳守道不假思索地回答说："我不是他的后人，我祖上的名位官职、所居所葬都跟欧阳文忠公不搭界。"不但如此，他还紧接着纠正了江万里的一个错误认识，说"欧乡"的叫法并非起源于欧阳修，早在南唐时就有了。

看到了欧阳守道的卓尔不群、独立不迁，江万里越发赏识这位年轻人，便放心地将白鹭洲书院交给他打理了。

还有一件小事能够看出欧阳守道的人品：

> 里人聘为子弟师，主人睍其每食舍肉，密归遗母，为设二器驰送，乃肯肉食，邻媪儿无不叹息感动。（《宋史》本传）

这段话的意思是：同乡的人聘请欧阳守道做家教，主人偷看到他每次吃饭时都不舍得吃肉,而是把肉藏起来带回家给母亲吃。这位主人就在吃饭的时候专门再用另外的饭盒盛好肉赶紧送给他母亲,他这才肯吃肉。左邻右舍的妇女、儿童没有不为他的孝心叹息和感动的。

有江万里和欧阳守道如此看重气节的人做山长,白鹭洲书院很快就声名鹊起,特别是在 1256 年的那次全国大考中,白鹭洲书院获得了大丰收,成绩在全国所有书院中排第一。有三十九人(一说四十人)考取了进士,而且还诞生了一名状元,那就是文天祥。这一榜科举,奠定了欧阳守道吉州历史上第一教育家的地位。

如果说读圣贤书使得文天祥早就确立了内圣外王的人格理想,那么,从江万里和欧阳守道两位恩师身上,他看到了内圣外王的真谛。

理想和榜样就这样在白鹭洲书院合二为一。

除了导师的人格魅力感召之外,那就是教学理念和教学内容的深刻影响。

作为朱熹的再传弟子,江万里和欧阳守道传播的是理学,是忠君爱国的气节之学,是提倡融会贯通、经世致用的实学;授课也特别讲究对话、讨论、讲座等灵活方式,有时候,师生之间也会起争执。这就使得白鹭洲书院的学生能够养成一种独立、自由的思想见解。他们既要苦读圣贤之书,又要了解国情时事,更要放开胸襟眼界。

也正是在白鹭洲书院期间,文天祥与欧阳守道建立起深刻的师生之谊,以至于有了后来的“金碗”故事,以至于欧阳守道最后把从孙女嫁给了文天祥,也就是欧阳夫人。欧阳夫人是庐陵县永和镇人,其父欧阳汉老曾参加过两次科举考试,却没有做过官。

“金碗”的故事说的是文天祥在任景献太子府教授的时候,深得理宗赏识,赐其金碗一只。欧阳守道迫于生计,曾借文天祥的御赐金碗典当以渡过难关，后来又将此金碗赎回，还给了文天祥。文天祥非常真诚地告诉恩师，这碗自己用不上，先生手头紧，不妨再拿去换些银两。

不到一年的在白鹭洲书院的深造，使得文天祥眼界大开，思想渐趋深邃，学问日益精进。

也正是在白鹭洲书院读书的这一年，正逢大比之年，文天祥与其弟文璧双双中举，取得了郡贡士的功名，获得了省试的资格。

一门双举，不单是文家的大事，也成了地方乡里的大事。知州都要出面为他们赴京参加省试饯行。文天祥当然是春风得意，曾以苏轼、苏辙兄弟出川进京赴考作比来写诗抒怀，可见其对未来充满了信心和憧憬。

然而，喜悦中却潜藏着悲戚。

年仅十六岁的三弟霆孙英年早逝，给文家投下了抹不去的阴影。尤其是霆孙生前书于窗间的那句杜诗"出师未捷身先死，长使英雄泪满襟"，更是让文天祥感到沉重的哀伤。父亲文仪中年丧子，悲痛欲绝，使得文天祥对未来充满了茫然的担忧。眼看省试的考期越来越近了，怎么办？文天祥和文璧兄弟俩商量，决定让父亲文仪随着他们一同进京：一来可以随时侍奉；二来也正好游览大好河山，排遣父亲的丧子之痛。父亲勉强答应了。于是父子三人于 1256 年十二月十五日从故乡庐陵启程，前往临安。

这一去，又是悲喜交加。

第二讲 法天不息

　　文天祥的科举之路还是非常顺风顺水的,特别是宝祐四年(1256)五月初八的那一场殿试,不只是对文天祥,对整个南宋王朝都有着相当重要的意义。

　　首先,理宗皇帝自己特别重视,亲自命题。

　　其次,主考官非同小可,就是那个大名鼎鼎的王应麟。说别的大家可能不太熟悉,说融会了经史子集的蒙学教材《三字经》大家应该不会陌生。王应麟就是《三字经》的作者。而且,王应麟可不是只有这些"小儿科",他更是南宋著名学者、教育家、政治家,著作多达三百余种。《困学纪闻》在中国学术史上占有醒目之地位,被梁启超誉为清代考据学之先导。

　　再次,这一年的殿试成就极为辉煌,上榜了六百零一位进士,除了第一名文天祥之外,还有陆秀夫、谢枋得等名士、名臣。那么,谢枋得又是谁呢?《千家诗》大家应该熟悉,谢枋得就是《千家诗》的编者;而陆秀夫就是开篇我们所提到的背着小皇帝赵昺跳海的那位大臣,和文天祥、张世杰并称为"宋末三杰"。

　　如此看来,说这一场殿试直接影响了南宋的文运和国运,恐怕也不为过吧?

人生宣言

殿试的题目共五百八十六字,可以简要地概括为四大问题:

你对天变和民生的关系如何看?

你对当下人才和士习的关系如何看?

你对眼下兵力和国计的关系如何看?

你对盗寇和边防的关系如何看?

答题要求呢? 既要有理论上的阐释(务虚),更要有实践上的对策(务实),而且还要"勿激勿泛",也就是说既不能偏激,又不能虚浮、空泛,不切实际。

1256 年,对五十二岁的理宗皇帝来说已经是在位的第三十三个年头了。除去最初拥立他上位的史弥远专权的近十年之外,理宗亲政也有二十多年了。五十二岁,二十多年,虽然拟定殿试题目时忧心忡忡,一副忧国忧民的样子,貌似还想振作一番,其实早就心有余而力不足了。也就是说,当时的理宗皇帝对朝政很是懈怠,懈怠到什么地步? 如果说北宋最荒唐的皇帝当数宋徽宗,那么南宋最荒唐的皇帝,应该就是这位宋理宗了。到底有多荒唐呢? 宋徽宗无论如何还不至于明目张胆地与李师师约会,理宗皇帝则干脆直接把临安名妓唐安安接到宫中,寻欢作乐。工部侍郎牟子才都看不下去了,上书劝诫宋理宗:"此举坏了陛下三十年自修之操!"宋理宗却让内侍转告牟子才,千万别把朕的事说出去,以免有损朕的形象。——他还知道要形象?!

理宗的宠妃阎妃病逝,理宗让大臣姚勉代写祭文。祭文中有一句"五云缥缈,谁叩玉扃",用了明皇、贵妃的典故。姚勉暗自希望,理宗能够警醒。

没承想理宗看了竟然说:"朕虽不德,未如明皇之甚也。"

那么,针对这样一位虽然荒淫、懈怠,却还想留个好名声的皇帝,针对日益腐败的朝政、时代的危局,文天祥该作何应对呢?

坐在考场上,文天祥紧盯着御制的策问题目,精骛八极、心游万仞,展开了丰富的联想和想象:

他看到了帝都浮华背后的苍凉,他听到了关于理宗皇帝的所有不堪的传闻;他看到了达官显贵的穷奢极欲,进而联想到自江西到浙江一路之上所看到的田园荒芜,民生凋敝;他虽然没有亲临战场,但也能凭着敏锐的洞察力想象到蒙古铁骑所到之处的惨状:普通百姓命如草芥,朝不保夕。而这一切,都源于当权者的腐败和皇帝自身的懒政、怠政。于是他百感交集,心潮起伏如钱塘江潮,顾不得功名利禄,忘记了个人安危,只希望那个高高在上的皇帝能够看到自己的一腔赤诚:法天不息,励精图治,革故鼎新,再造中兴。于是才思泉涌,文不加点,洋洋洒洒,一气呵成。

主题立意源自古老的《易经》:"天行健,君子以自强不息。"

文天祥将其发挥为"自太极分而阴阳,则阴阳不息,道亦不息;阴阳散而五行,则五行不息,道亦不息"。他从宇宙的本源无极、太极的阴阳、五行永不停止的交感运动出发,并且将其看成自然界运动发展的普遍规律,也是人间正道的发展规律,很有些唯物主义的味道了。进而得出"圣人出,而为天地立心,为生民立命,为往圣继绝学,为万世开太平,亦不过以一不息之心充之"。以此立论,对理宗皇帝"自己那么勤勉却为什么收效甚微"的困惑也就有了解答:"臣之所望于陛下者,法天地之不息而已。"这便是文天祥殿试策对的核心观点。

为此，针对第一个问题"对天变和民生的关系如何看"，他上天入地，纵横捭阖，旁征博引，从世界观、哲学观等多个方面，在理论上阐发了作为一国之君法天不息的重要性和必要性。

接下来，针对"人才和士习""兵力和国计"和"盗寇和边防"等三个较为具体的问题，文天祥更是汪洋恣肆、议论风生。

譬如针对"人才和士习"，他认为人才的短缺是士习败坏引起的。不顾道德品行、尊严操守，一味地灌输僵化知识教条，只为获取功名利禄，如此培养起来的所谓人才有多少能经得起检验？"心术既坏于未仕之前，则气节可想于既仕之后"，于是，"奔竞于势要之路者，无怪也；牛维马絷（像牛被牵住、像马被系住），狗苟蝇营（像狗那样苟且偷生，不知羞耻；像苍蝇那样飞来飞去，追逐腐物），患得患失，无所不至者，无怪也"。这样精致利己的势利之徒，如何能够成为匡时济世的栋梁之材？

譬如针对"兵力和国计"，他认为兵力不够是因为国家的财力不够，财力不够是因为皇室和各级官府大兴土木，大建亭台楼阁，穿金戴银，滥赏无度，肆意挥霍。为此，他劝诫理宗皇帝应持有一种不息之心，开源节流，强军卫国。

再譬如针对"盗寇和边防"，他认为"虏寇之警，盗贼因之也"。也就是说，外敌的入侵是由内贼引起的，因此外敌不足畏，内贼也不足畏，"盗贼而至于通虏寇，则腹心之大患也"。所以，蒙古入侵不可怕，可怕的是内外勾结，串通一气，特别是内贼一旦做了外敌的向导，那才是最可怕的。当然，文天祥所谓的"内贼"不限于那些打家劫舍、造反作乱的铤而走险之徒，还包括那些朝廷命官。为此，他呼吁理宗首先应该清除内贼，以巩固边防、边备。

最后，他开出的药方就是"开公道之门""寿直道之脉"，具体而言就是各司其职，各安其位，"使中书得以公道总政要，台谏得以直道纠官邪"。政绩就会马上显现出来。

万言策对中最精彩的部分在于对国情时政的议论和自由发挥。最犀利的是，他为这些病象找到了病因，那就是皇帝大权独揽，吏治腐败不堪。提出的对策就是行公道和直道；要行公道和直道就必须改革官制，澄清吏治。从把皇权下放到三省六部开始，贪官污吏必须用正人君子来替代。最无可辩驳的是，他把当时的财政吏治、军务边防等各个层面的黑暗统统揭露于笔端，呈现于纸上。因为感情的潮水不可遏制，理宗皇帝的"勿激勿泛"的答卷要求早就被他抛之于脑后了。

整篇策对以"法天不息"为主题，"不为稿，一挥而就"，一口气写了一万余字。最后以"臣赋性疏愚，不识忌讳，握笔至此，不自知其言之过于激，亦不自知其言之过于泛，冒犯天威，罪在不赦，惟陛下留神。臣谨对"作结，堪称天下第一策。这篇策对既有针对性——针对的是理宗在位日久，治国理政懈怠；又有迎合性——迎合的是理宗毕竟是理学的信徒；同时自然有着无与伦比的正确性——一腔热血所蒸腾起的积极进取精神；最后的收笔则是得体的谦恭、优雅和从容。

实际上，文天祥的这一篇集英殿策对完全可以看成其人生的宣言书，向皇帝表达其人生见解、政治见解的同时，也向整个世界宣布其人生的理想、目标、纲领和准则。与其他士子只是将四书五经、高谈阔论作敲门砖不同，文天祥始终恪守着自己的这一份人生宣言，一一落实着这一份人生宣言，不打折扣地执行着这一份人生宣言，做到了人文合一、知行合一。

这样看来，文天祥的这篇策对的目的也就一目了然了：自己法天不息，也渴望着那位高高在上，主宰着南宋千百万生灵的万岁爷也能和自己一样法天不息。

那么,这到底是文天祥的一厢情愿,还是真的能够上演一番君明臣忠、君臣遇合的历史大剧呢? 等待着文天祥的将会是怎样的命运呢?

状元及第

天意从来高难问。

阅卷官的趣味难料,皇帝本人更是喜怒无常。

五月二十四日,唱名仪式开始,也就是天下士子翘首以盼的金殿传胪。

主考官王应麟把拟录取的试卷呈上,恭候御笔钦点"三鼎甲":状元、榜眼、探花。凡是参加殿试的考生,都必须在殿后左边门外候旨。此时的集英殿外虽然万头攒动,却鸦雀无声,气氛异常庄严。集英殿内,理宗皇帝端坐在龙书案后,一份一份地翻阅着试卷。按照殿试的规程,呈献给皇帝御览的试卷都是预先排好了名次的。当理宗翻开第七份试卷的时候,不由得眼睛一亮——真真是笔走龙蛇,书法特别遒劲潇洒;再看内容,真如长江大河,滔滔不绝,才华横溢,汪洋恣肆;层层推进,旁征博引,有理、有情、有节、有声,不禁拍案叫绝,连连称奇:"切至之论,切至之论啊! 天下至文,天下至文也! 王爱卿,此生何名?"

王应麟接过试卷,拆开密封,仔细看了看,持笏低首奏道:"此人姓文,名天祥。"

理宗皇帝高兴到简直快要手舞足蹈:"天祥者,乃宋之瑞也! 此人文采好,名字也好。他是何方人士,多大年纪啦?"

王应麟也是心花怒放,赶忙应对道:"他刚满二十一岁,吉州庐陵人氏。"

理宗皇帝异常兴奋："哎呀,难怪啊! 庐陵真是人杰地灵,人杰地灵啊! 前有欧阳文忠公、胡忠简公、杨忠襄公,都是我朝忠臣,名满天下啊!"

王应麟颔首答曰:"陛下所言极是。"

理宗皇帝龙颜大悦："此篇策论,见解新颖,情理兼胜,文笔俱佳,理应第一啊! 你怎么给排在第七呢?"于是毫不犹豫地拿起朱笔,在文天祥的试卷上批上了"进士第一"四个大字。

御前站立的王应麟虽然听到了皇帝的责备,内心却比谁都高兴,这似乎正在他的预料之中。因为在评卷的时候他就想把文天祥的试卷列为第一,可是另外的几位详定官却有不同的意见,认为此卷虽好,却言辞过激,完全违背了"勿激勿泛"的要求,如果列为第一,龙颜大怒,怪罪下来,谁能承担得起? 几番争论,才勉强将文卷列为第七。如今皇帝御览,亲笔钦点为第一,这说明自己的眼光不错。于是赶忙再拜奏道:"陛下圣明! 我等有眼无珠,不识金玉,罪该万死……是卷古谊若龟鉴,忠肝如铁石,臣敢为得人贺。"

其实,说到言辞过激,此次殿试中还有一位不怕死的考生,比文天祥更是有过之而无不及,那就是谢枋得。谢枋得在撰写策对时,直接严厉地、指名道姓地攻击了当时的丞相董槐与宦官董宋臣。王应麟原本也想将其擢升为进士甲科,无奈遭到其他几位详定官的强烈反对,只好将其列为二甲第一名,并在唱名榜示之后任命其为抚州司户参军,没想到他竟然弃职而去。这一年谢枋得三十一岁。第二甲的第二十七名就是陆秀夫,与文天祥同岁。

理宗皇帝御览、钦点完所有试卷之后,交由王应麟宣读唱名。

三十四岁的主考官王应麟健步如飞走出集英殿,站在高高的台阶之上,廊檐之下,朗声唱名:"第一名,御笔钦点,状元及第,文天祥。"

　　廊檐下的士子们一片欢呼，文天祥瞬间成了头号新闻人物。在众人歆羡的目光中，原本就"体貌丰伟，美皙如玉，秀眉而长目，顾盼烨然"（《宋史·文天祥传》）的文天祥此时越发显得神采飞扬。在王应麟唱名之后，有传唤官将文天祥引入集英殿觐见皇上。

　　传统时代，金殿传胪，金榜题名，这是多少士子梦寐以求的人生巅峰啊，更何况是独占鳌头。"久旱逢甘雨，他乡遇故知。洞房花烛夜，金榜题名时。"这人生四大快事也是宋人总结出来的。可见金榜题名对士子们来说是多么重要，自然也是文天祥人生历程的高光时刻。

　　唱名程序结束之后，就是进士及第的士子们享受各种追捧、荣耀的时刻。

　　按照既定的程序，官家会赐予新科进士绿袍、皂靴、笏板、御酒、美食、金钱等。然后就是头插金银花，身披大红袍，在鼓乐仪仗的簇拥之下御街走马，满城的百姓争相围观。更有一种"榜下捉婿"的风俗，说的是在放榜之日，各地的富贵人家都会争相到皇榜前，挑选那些登科的男子作为未来的乘龙快婿。

　　紧接着就是琼林宴，由皇帝做东请客，当然是国宴级别。是国宴就不可能太简单，程序礼仪极为烦琐。宋代的奢靡宴饮之风原本就非常盛行，作为国宴的琼林宴就更不在话下。其中有一个环节是由皇帝给每一位高中的士子赐诗一首，再由士子撰写谢恩诗一首。

　　理宗皇帝赐予文天祥的诗是：

　　　　道久于心化未成，乐闻尔士对延英。诚惟不息斯文著，治岂多端在力行。华国以文由造理，事君务实勿沽名。得贤功用真无敌，能为皇家立太平。（《宝祐四年登科录》卷四）

诗中表达了对于修身养性、推进国家治理的重要性的思考。道理虽然久存于心，但若不能付诸实践，则无法收化成之功。只有培养勤奋务实的作风，勿存沽名钓誉之心，才能辅弼君王，成就治世大业。因此，华夏大地上的政治家和文化人需要明确这些原则，为国家的繁荣昌盛和社会的稳定和谐而努力奋斗。

文天祥的谢恩诗如下：

> 於皇天子自乘龙，三十三年此道中。悠远直参天地化，升平奚羡帝王功。但坚圣志持常久，须使生民见泰通。第一胪传新渥重，报恩惟有厉清忠。（文天祥《集英殿赐进士及第恭谢诗》）

文天祥凭借着这首谢恩诗，表达了他对理宗皇帝的感恩之情，颂圣之意也溢于言表。更为重要的是后两句，表达的是他对理宗皇帝的殷切期盼——期盼着皇帝能一如既往地法天地之不息，坚志力行，造福百姓；同时也抒发了自己尽忠报国的决心与豪情。

也许，赤诚天真、意气风发的文天祥内心里真的做着一个美梦：君明臣忠，君臣遇合，像汉高祖与张良、刘备与诸葛亮、唐太宗与魏徵那样。一个刚满二十一岁的小青年，渴望遇到明主赏识，其当下的心情和对未来的憧憬是完全可以理解的。

然而，文天祥未免太一厢情愿了。

政治秀场

很多读者也会认为，这理宗皇帝还是不错的嘛，能够慧眼识珠，不埋没人才；而且还能宽宏大量，并不以文天祥之激烈言辞为忤，算得上是明君了。

如果你真这样看那就太皮相了。

南宋皇帝继承了北宋皇帝的"兴文抑武"的祖训，一直标榜皇帝与士大夫共治天下，比起元、明、清三朝更加严酷的君主专制，的确算是不错的了；而且有些皇帝的确也做到了言行一致，譬如北宋的仁宗一朝，南宋的高宗一朝，都做得相对还不错。尤其是宋高宗，在绍兴二年（1132）的殿试中，他要求考生放胆直言，直抒胸臆。甚至直接晓谕考官："今次殿试，对策直言之人擢在高等，诡佞者置之下等。"（《宋会要辑稿·选举八》）考生张九成还真是在策对中无所顾忌，直接列举了高宗皇帝几大罪状：恐金、听谗、纵欲、重用宦官、忘却父兄之仇。哪一条都戳到了高宗的痛处。结果，这张九成还真被擢升为第一，被高宗钦点为状元。

然而，考试归考试，答卷归答卷，理论归理论，一旦真要实践起来就完全走样了。前面张九成状元的经历和后面文天祥状元的经历，还有更多的名臣、重臣的例子都证明，所谓的皇帝的开明不过就是一场政治秀。借此机会，皇帝赚得个宽宏大量、善于纳谏、圣心坦荡的美名，更有一部分臣子，倾力配合"表演"，博得个披肝沥胆、敢于直言、尽忠报国的美声，于国于民并无多少好处。这也正是《红楼梦》的作者借贾宝玉之口痛批"文死谏，武死战"的原因。说到底，这种政治秀并不能具体地解决问题，其目的不过是赚取美名，表演的成分永远大于实质性的意义。尽管有时候用力过猛，弄假成真，一不小心把自己也搭进去了。

这种君臣之间的"双簧小品"愈演愈烈，成为一种风气和传统。这本身就是对士风的败坏。文天祥深切地感受到了，所以才在策对中给予了猛烈的抨击："心术既坏于未仕之前,则气节可想于既仕之后。"

如果不信,请看夺得状元之后的文天祥得到了重用没有,请看理宗皇帝重用的都是一些什么人,就明白了。

那么问题又来了,针对理宗皇帝,他完全可以不点文天祥这个状元嘛,却为什么还要这样做呢?仅仅是为了留个好名声吗?就没有一点点真诚的成分吗?

很多历史学家,包括文天祥研究专家也很困惑,给出了各种各样的解释。在诸多解释当中,笔者最认同的是这样一种:是文天祥的策对唤回了理宗皇帝对"激情燃烧的岁月"的记忆。

理宗皇帝曾经也是一个比较有为的皇帝,在赵宋王朝十八位皇帝中应该算是不错的。他是赵匡胤次子赵德昭的九世孙,虽是皇族,但与皇家的血脉联系早已淡到似有若无的地步了。因为宋宁宗赵扩九名亲生儿子都是幼年夭亡,没有继承人,宁宗驾崩之后,权臣史弥远联合杨皇后假传宁宗遗诏,废掉太子赵竑(宁宗养子),另立从民间访来的赵与莒为新帝(立为新帝之后改名赵昀),这就是宋理宗。

史弥远把宋理宗从一个小小的村童一步一步推举到皇帝的高位,自然是功不可没。因此,理宗在即位的最初十年,对史弥远可谓是言听计从,也就是说,史弥远成了实际上掌控朝政的人。在史弥远的阴影下,理宗做了十年的傀儡皇帝,直到史弥远死掉,理宗才得以亲政。此时理宗正是而立之年,激情澎湃,改元端平,革新弊政,政治、经济气象为之一新,取得了史称"端平更化"的骄人业绩。由此看来,理宗毕竟是有过"光荣和梦想"的人,甚至是有过爱心的人。据说,理宗皇帝还为流浪儿童做了一件大好事,建立了孤儿院——"慈幼局",堪称是世界上最早的官办孤儿院。其运作基本情况是:官方出钱雇奶妈,养在慈幼局,遇到被弃儿童,即予哺乳。每月还给钱、给米、给衣服,直至将孤儿养育成人。如果民间愿意收养,官方每月给钱一贯,米三斗。非但如此,理宗还专门下诏说:"朕尝令天下诸州建慈幼局……必使道路无啼饥之童。"这样一来,各地方官府相继跟进,自行创立了很多儿童福利机构,收养因饥荒而被遗弃于道路的婴儿和流离失所的流浪儿童。意大利商人马可·波罗就曾记录下南宋的慈幼制度:"其国诸州小民之不能养其婴儿者,产后即弃,国王尽收养之。"由此可知,来自民间的理宗的确曾经是个有着如此丰富的同情、怜悯之心的皇帝,只不过随着时光的流逝,人过中年,渐入颓唐,便只知道纵情声色了,最终成为南宋最荒唐的皇帝。

而现在,当理宗突然看到文天祥这样一篇激情澎湃的文字,尘封的旧梦被唤醒了,大笔一挥:状元及第!

法天不息,对文天祥而言,是"少年心事当拿云";对理宗来说,则是"往者不可谏,来者犹可追"。

然而,状元及第之后的所有热闹都与文天祥无关了。

"高大上"的琼林宴文天祥其实并没有参加,谢恩诗也是由内侍代交的,原因是父亲文仪病危了。

五月二十四日集英殿唱名放榜,五月二十五日文仪病重,五月二十八日文仪就去世了。故乡解试,一喜一悲,喜的是文天祥和弟弟文璧双双考取郡贡士,悲的是三弟霆孙却去世了。京城殿试,亦是一喜一悲,喜的是文天祥状元及第,一举成名天下知,悲的是文仪没等到分享儿子更多的荣耀就去世了。六月一日,文天祥和弟弟文璧便扶着父亲的灵柩踏上了还乡之路。

这里有必要补充交代的是,此次文天祥的弟弟文璧并没有参加殿试。原因很简单,卧病在床的父亲需要有人照顾。文氏兄弟不可能为了一己的功名利禄撇下父亲不管。所以,父子三人商定,先由哥哥文天祥去应试,弟弟文璧留下来照顾父亲,等到下一届再考。

这样的安排,令文天祥这样一位孝子心不安,理不得。作为长子,他的责任心或许更重一些。早在进京应试的前两年,文天祥就做过一场关于孝与不孝的噩梦,被后人记录在《纪年录》中:

> 公梦召至帝所。帝震怒,责其不孝。公哀诉以"臣实孝"。帝曰:"人言卿不孝,卿言卿孝。"赐以金钱四,遣去。公出门,而震雷欲击之,自叹曰:"幸免不孝之罪,而又不免雷击。"惊觉,汗如雨。

文天祥自认"实孝",却又做起了被别人责备不孝的梦,可见其孝的心结有多深,孝的标准有多高。因此也可以想见,父亲去世对其打击有多大,以至于在后来的岁月里,无论是衙署端居还是戎马颠沛,他都会想尽一切办法把母亲带在身边,随时侍奉,以尽孝道。

也许,更让父子三人都没有想到的是,长子赴考、次子守孝这样的安排正好预示着兄弟二人未来不同的人生道路和命运。

弟弟文璧到底选择了怎样的道路,有着怎样的命运,我们暂且按下不表,还是先来看文天祥的道路和命运。

按照惯例,考中状元之后是要被授予正九品、散官二十八阶的承事郎,签书某军节度判官厅公事这样的官职的。散官是有官名而无固定职事的官,是与职事官相对而言的。从隋朝开始才有散官之制,专门加封给文武重臣,只有头衔,享受待遇,并非实职。签书某军节度判官厅公事为各州府的属官,类似于助理,掌文书事务,简称为签判。总而言之，既然是做了状元了，总不能闲着，但又不能马上给予实职，毕竟没有任何工作经验；总得历练历练，类似于今天的实习生，所以得先有个官员的身份和名号。三年之后，等到下一科进士发榜，再改授前一科的状元为秘书省正字。秘书省是国家掌管图书典籍的机构，其长官为秘书监；正字就是秘书省的职事官，掌校勘典籍。

按照礼制，父丧要守制三年，叫作丁忧。实际上很少有人能丁忧三年，一般满二十五个月或二十七个月就可以除服了。

1258 年八月，文天祥丁忧期满。当时朝中正是丁大全掌管中枢，有人就劝文天祥直接给丁大全写信，谋取个职位，他却淡淡地回答说："何必如此汲汲于做官呢！"甚至吉州的地方官都主动提出代他申请，也被他婉言谢绝了。这充分显示出文天祥与一般士子的不同之处：参加科举考试并非只是为了升官发财。

1259 年正月，文天祥陪同弟弟文璧再次赴京，参加殿试。殿试的时间依然是五月，文璧顺利地通过了殿试，进士及第。同时，文天祥也由朝廷补授了承事郎、签书宁海军节度判官厅公事等官职。

还在文天祥丁忧期间，1258 年二月，蒙古大汗蒙哥率大军渡黄河，拉开了亲征南宋的序幕。对于这次亲征，蒙哥汗事先作了周密的部署安排，令幼弟阿里不哥和皇子玉龙答失留守都城和林（在今蒙古国鄂尔浑河上游哈尔和林），然后兵分三路南下攻宋。南宋边防再度告急。那么，对刚刚步入官场的文天祥来说，又有怎样的命运在等待着他呢？

第三讲　忧国忧民

　　三路南下的蒙古大军中,中路蒙哥所率领的主力已经连克数城,一直打到四川钓鱼城下,围攻了数月,未能拿下;东路的忽必烈已经突破长江天险,正对鄂州发起攻势。

　　此时,丁忧期满的文天祥正乘船顺赣江而下,从鄱阳湖的湖口驶入长江,前往临安。中游宋蒙正在激战,下游都城陷入恐慌。途经黄冈时,文天祥望着开阔的江面,汹涌的江流,南飞的大雁,苍茫的庐山,荒凉的旷野,不禁心潮澎湃,将所见所感付之于诗:

　　　　长江几千里,万折必归东。南浦惊新雁,庐山隔晚风。人行荒树外,秋在断芜中。何日洗兵马,车书四海同。

　　此诗前六句都是写景,最后两句才是点题、是议论、是中心。那就是战争何日才能结束,大好河山何日才能归于一统? 这里用了两个典故:一个是"洗兵马",其实就是"洗兵",事见汉刘向《说苑·权谋》。说的是周武王出师遇雨,认为是老天在洗刷兵器,后擒纣灭商,战争停息。后人遂以"洗兵"表示胜利结束战争。另一个是"车书四海同",典出《礼记·中庸》："今天下车同轨，书同文。"说的是秦灭六国，车轨相同，文字相通，表示文物制度划一，天下一统。整首诗的格调虽然比较沉郁，但沉郁中又透着一种坚定的信念：战争一定会结束，天下一定会统一，就像这滚滚东流的长江，百转千回，终究是要流入大海。其忧国忧民之心跃然纸上。

诗的题目是《题黄冈寺次吴履斋韵》，显然，诗因吴履斋而起。那么吴履斋又是谁呢？吴履斋就是吴潜，履斋是其号。吴潜是前任皇帝宁宗嘉定十年（1217）的状元，曾经担任过理宗的右丞相兼枢密使，只干了一年便被罢相。此人刚直不阿，一身正气。文天祥的父亲文仪安葬的时候就是请吴潜撰写的墓志铭，文天祥与其关系相当不错，对其特别钦佩。吴潜长文天祥四十岁，二人堪称忘年交。

长江作为天堑，从来都被南宋看作一道抵御蒙军的天然屏障，如今这道屏障已经被撕裂，南宋朝野陷入恐慌也是必然的。可是把持朝政的丁大全却试图蒙蔽理宗，把这天大的事给盖住。时任醴泉观使兼侍读的吴潜看不下去这种危险而恶劣的行径，决定向理宗皇帝奏陈实情，与此同时，当然要揭发丁大全的欺君罔上。同时，为了争权夺利，身为国舅爷、枢密使的贾似道也加入了"倒丁"的行列，把湖北的紧急军情捅给了理宗。理宗原来只知道丁大全人品不怎么样，没想到如此重要的军国大事他都敢压下来不奏，于是将其罢相，任用贾似道为右丞相兼枢密使，督师驰援湖北；同时任命吴潜为左丞相兼枢密使。

为了稳定朝野浮动的人心，理宗还特地下了"罪己诏"，貌似非常真诚。

由丁大全这样的人当朝，文天祥此次进京原本就是抱着无所谓的态度；没想到的是，朝廷竟然如此雷厉风行，顺应人心，罢免了丁大全，任用贾似道和吴潜。至少，吴潜的被重用给了文天祥以极大的信心，让他看到了事有可为的希望。于是，他怀着非常激动的心情给吴潜写了一封信："以进士为名臣，两朝倚重；以儒宗为宰相，四海具瞻。天启圣衷，国有生气。"这话当然是恭维，但也的确是文天祥真情实感的流露。在赞美的同时，文天祥没有忘记倾吐对吴的祈望："今言路之不通，最为天下之大弊……惟从众谋，可以合天心；惟广忠益，可以布公道……其惟我公，望在今日。"

可以说，还未上任，文天祥就已经摩拳擦掌，进入了角色；跃跃欲试，准备着大干一场。针对日益严峻的时局，他正在酝酿着一份宏大的改革措施，准备奏陈给理宗。让他自己也没料到的是，迫于形势的危急，在这份还在酝酿中的奏章之先，他不得不呈上一封万言书。这就是历史上有名的"己未上书"。

己未上书

事情的起因是这样的：在得知长江屏障已破之后，对内一向飞扬跋扈的宦官董宋臣却变得胆小如鼠。他畏敌如虎，极力怂恿理宗迁都于四明（今浙江省宁波市）以避敌；并且说一旦蒙军攻陷临安，可以乘船下海，当年高宗皇帝就是这么干才躲过金兀术追杀的。

董宋臣的这种逃跑主义一出笼，立马引起了朝野上下的一片反对之声。

先是军器太监何子举言于吴潜曰："若上行幸，则京师百万生灵，何所依赖？"

再是监察御史朱貔孙上书曰："銮舆一动，则三边之将士瓦解，而四

方之盗贼蜂起，必不可。"(《宋史纪事本末》卷一百零二)

那么，这董宋臣又是何方神圣，竟敢如此冒天下之大不韪？

董宋臣乃理宗贴身内侍，特别善于逢迎，很得理宗欢心。有几件事足可以看出董宋臣的逢迎功夫和受宠程度。

某年夏天，理宗禁苑赏荷，苦于没有凉亭遮日。一天之内，董宋臣就为理宗修建了一座凉亭。

某年冬天，理宗要去赏梅，董宋臣已事先在梅园造亭一座。理宗责备他太过劳民伤财了。董宋臣说，没花多少钱，不过是把荷亭移到这里罢了。理宗一听，原来如此，享受起来也就心安理得了，同时也越发欣赏他这种"得体"的办事风格。

理宗好色，董宋臣就把临安名妓唐安安引入宫中，供理宗淫乐。

不但如此，在理宗的宠信下，董宋臣勾结丁大全，恃宠弄权，不可一世。

《西湖游览志余》就曾记载过这样一个小故事，足可以看出董、丁是何等狼狈为奸、权势熏天：

　　一日，内宴杂剧，一人专打锣，一人扑之曰："今日排当，不奏他乐，丁丁董董不已，何也？"曰："方今事皆丁董，我安得不丁董？"

董宋臣"一时声焰，真足动摇山岳，回天而驻日也"(《齐东野语》卷七)。他招权纳贿，无所不至，"董阎罗"的称号正是由此而来。

即便如此，朝中仍然有一些忠直之士敢于出面公然反对董宋臣。

监察御史洪天锡上书力劾董宋臣，结果，被罢免的却是洪天锡。

工部侍郎牟子才反对董宋臣引妓女进宫败坏皇家名声，结果，被皇帝冷落的却是牟子才。

这样的形势下，一般人谁还敢再弹劾董宋臣？虽然有反对的声音，但皇帝不表态，反对的声音再大也终归无用。

已经加封了官职但还没有上任的文天祥当然知道董宋臣是什么人，当然知道公然反对董宋臣意味着什么。然而，他还是置个人安危于不顾，为国家社稷、黎民百姓计，冒死一搏，以"敕赐进士及第"的身份上了一封万言书——《己未上皇帝书》。

万言书中，文天祥纵论南宋王朝面临的战争形势，分析敌我双方的优势和劣势，指出凭借山川江湖之险势，蒙古骑兵并不占绝对优势，我大宋军中毕竟还有一些猛将，并不都是羸弱之士。只要激发起他们的斗志，同仇敌忾，消灭侵略者是在旦夕之间的事。"方今国势危疑，人心杌陧（动摇不安）。陛下为中国主，则当守中国；为百姓父母，则当卫百姓。"深刻阐明不能迁都的原因，认为"六师一动，变生无方"；如果放弃临安城，百姓将惨遭杀戮，"京畿为血为肉者，今已不可胜计矣"。

一边鼓励皇帝不要轻言放弃，一边还要给出切实可行的对策。为此，文天祥提出积极抗敌的四点建议：

一是"简文法以立事"，即建立"战时体制"，成立战时办公室，急事急办，特事特办。皇帝直接召集军政大臣商议大事，减少繁文缛节。

二是"仿方镇以建守"，即一改宋朝建立以来为防范藩镇割据之隐患，削弱地方诸侯兵权、事权、财权的做法，下放行政权力，增强地方用兵能力。

三是"就团结以抽兵"，即取兵于民，大规模抽集兵力。按二十户抽一兵计算，一个州二十万户就能抽集一万兵力，东南地区即可聚合十万兵力；再对他们进行有效的训练，南宋朝廷即将拥有十万精兵。

四是"破资格以用人"，为国家之急，不拘一格选人、用人。

这一条条真知灼见，哪一条都不失为国家危难之际的有效举措，甚至有些建议更是立国之本、治国之要、救国之计、强国之策，但对于病入膏肓的南宋来说，似乎哪一条都为时已晚，不切实际。

条条合理，条条不合时宜；句句中肯，句句都不中听。因为这些建议说到底触碰到了大宋王朝几百年来深层次的、敏感的、核心的痼疾，也触碰到了大宋的立国之策、建国之基，这些问题，本质上需要一场深刻的政治改革、社会革命来解决。历代皇帝都没有这个勇气，人过中年、得过且过、消极"躺平"的理宗皇帝就更没有这个胆量。尤其是在大敌当前、内忧外患叠加交织的节骨眼上，更没有人敢临阵图变、临危谋强。

守内虚外，重文轻武，武功弛废，将不如相，是贯串宋朝三百多年历史的先天体质，想在武林高手的挑战面前一夜之间变得武艺高强起来，几乎是不可能的。

文天祥一边给出积极的对策，一边还要针砭时弊，对症下药。

皇上下了"罪己诏"当然是好的，是积极的，说明皇上对自己的失职、失察有所醒悟；但如果依然不知道病在何处，治国良策就更是无从谈起。"造成今天这个局面的最大原因就是奸臣当道，排挤能言、敢言之士，以至于陛下的言路全部被阻断。他们仗着陛下的恩宠，一手遮天，贪赃枉法，胡作非为，祸国殃民，罪恶极大。"写到愤激处，文天祥终于忍无可忍，直接点到了董宋臣的名字。万言书历数董宋臣的罪行，痛斥"小人误国"，请求"斩杀董宋臣，以谢宗庙神灵，以解中外怨怒，以明陛下悔悟之实"。

万言上书，鞭辟入里，信心十足，忠肝义胆，日月可鉴。其词慷慨激昂，其心拳拳切切。

上书之后，文天祥自觉人微言轻、势单力薄，便求教于对其有知遇之恩的忘年交吴潜，向他发泄郁闷、袒露心迹。也正因如此，他才知道，吴潜也曾主张迁都。忽必烈扬言要拿下临安，理宗问计于群臣，吴潜认为理宗应暂离临安。理宗问，那你怎么办？吴潜说，臣要死守临安！这下却不自觉地触到了理宗的心病。他含泪质问吴潜："你想做张邦昌吗？"

熟悉宋朝历史的人都知道这话可够狠的。

靖康二年（1127），金国完颜宗望、完颜宗翰攻破开封，俘虏徽、钦二帝，北宋灭亡。金人当时的战略目标是物质财富，而非人口、国土，因此，还是需要一个汉人傀儡帮他们筹措岁贡的。虽然汉人均提议另立赵氏，但金太宗一概否决。这个时候，和议大臣张邦昌成了被提名的唯一人选。于是，这张邦昌就成了过渡时期的伪皇帝。理宗的言外之意就是指责吴潜要学张邦昌另立朝廷，图谋篡位。吓得吴潜再不敢吱声。其实，理宗与吴潜君臣之间的嫌隙是冰冻三尺非一日之寒。在立赵禥为太子的问题上，吴潜就曾经触怒过理宗，理宗就说他要做第二个史弥远，可见隔阂已深；理宗也早已有了罢免吴潜之心。

文天祥此时登门求助吴潜，吴潜又能说什么呢？只能是"今天天气哈哈哈"了。

连主战的吴潜都曾经动过迁都之想，这让文天祥切实感受到朝野上下的妥协和畏战。想想自己言辞如此激烈的万言书，文天祥不由得感到脊背发凉，等待自己的不知道是福是祸。

结果，理宗朝廷竟然像个僵尸一样直接无视且无感，千言万语都付诸东流。兴许是吴潜"迁幸"的主张正好起到了反作用，让理宗感觉到了权力很可能马上失去，所以，他既没有迁都，也没有采纳文天祥的谏言——斩首奸佞,抖擞精神,励精图治,而是继续等着、拖着、耗着、赖着;同时,为了显示自己临阵不乱的勇气与坚守大本营的决心,把董宋臣贬出了中枢,外放了。

那么,接下来,文天祥的宦途命运又将如何呢?

遇贾似道

上书无果之后,文天祥心灰意冷。朝廷便将其由宁海军节度判官厅公事(因为治所在杭州,属于京官)改派为镇南军节度判官厅公事(治所在南昌),有贬黜的意味。文天祥不愿赴任,宁愿申请去做个祠禄官。

祠禄,就是做祠官而拿俸禄。宋代的祠禄,最初始于宋真宗,宋神宗时"热度"大增,皆因王安石变法,需要整顿吏治,但是又不敢大动干戈,于是,为了安置那些保守的官僚,就让他们去各种宫观,什么事都不用管,只拿俸禄,大约相当于今天的吃空饷。后来一些失意的官员也往往会申请这一职位。

朝廷答应了文天祥的要求,安排他去建昌军仙都观主管。这是二十五岁的文天祥高中状元之后第一次官场失意,他以一种消极退让的方式向朝廷表达着他的不满。

一年半多之后,朝廷便将其任命为秘书省正字。任命的诏书是著名的词人刘克庄起草的,刘克庄借此机会以皇帝的口吻对文天祥大大褒扬:"知尔素志不在温饱,麟台者招,其来何迟?"可是,文天祥没有应召,而是非常有情绪地婉拒了。

两月之后,圣旨再召,文天祥只好听命。其实,在封建官场,像这种一推一拉的游戏已经成为一种习惯,作为封建士大夫的文天祥自然也不能免俗。

秘书省正字主要负责校勘典籍,草拟文书,是个与故纸堆打交道的差事。它的好处在于接近中枢,升迁机会多多。这种闲差倒也适合文天祥的脾性,可以读书养气、韬光养晦。文天祥干得不错,紧接着便被委以景献太子府教授的职衔,担负起教皇族子弟读书的重任。这更是文天祥所长,因此他干得更漂亮,于是愈发得到了朝廷的赏识,理宗皇帝便赐予他一件宝贝——一个金碗。这个金碗我们在讲到文天祥和欧阳守道的关系时曾提起过,就是被欧阳守道借去渡过难关的那只御赐金碗。

第二年,在兼任景献太子府教授的同时,文天祥又被升为著作佐郎,主管编修国史及历法,紧接着又被授予刑部郎官。然而,好景不长,被贬外任的董宋臣又回来了,而且还主管太子府事,直接做了文天祥的顶头上司。这差事还怎么干? 于是,文天祥进呈了《癸亥上皇帝书》,他历数汉唐宦官之祸,劝皇帝以史为鉴,防微杜渐,请求皇帝收回成命,罢黜董宋臣。

上书当然无果,文天祥准备辞官。

这个时候,如日中天的贾似道急于笼络人才,从中斡旋,挽留文天祥,让他出知瑞州(今江西省高安市)。能避开老冤家就成! 文天祥接受了这一职位。这是文天祥第一次出任地方官。不过,文天祥并没有因为贾似道的赏识就感恩戴德,而是给贾似道写了一封信,信中并无丁点阿谀奉承之词,而是借机阐述了其人才观、用人观。他明确地告诉贾似道,官位乃国家之公器,用人者与被用者之间不存在私人授受关系,不能借此机会结党营私。所以,即使您用了我,我也不会成为您的私党,我只能秉公办事。

这是贾似道万万没有想到的。别说你一个还没有正式踏入仕途的文天祥，就算是当年反对丁大全、赢得过"六君子"美名的陈宜中都投靠了我。你既然如此不给面子，那就休怪我翻脸无情了。文天祥与贾似道的梁子因此算是结下了，只不过文天祥还不知道。

贾似道，字师宪，号秋壑、悦生，浙江天台人。其父贾涉，官居南宋京湖制置使，统辖数路军务，类似明清时期的总督。这种官僚家庭使得贾似道从小就养成了一身纨绔子弟的习气，更何况，他有一个姐姐正是理宗的宠妃。就是凭着父亲、姐姐的庇护，贾似道一路平步青云，坐上了少师、太师、右丞相兼枢密使、卫国公等一人之下、万人之上的显赫位置。

关于贾似道的为官为人，朝野均有巨大的争议。《宋史》将其列入"奸臣传"，而《宋史》是元人写的，距宋太近，很多评价也未必客观。人是复杂的，历史是遥远的，评价是模糊的，关于贾似道的很多传奇故事倒是值得分享。

传奇之一："蟋蟀宰相"。贾似道写得一手好文章，著有《悦生随抄》《促织经》等。特别是《促织经》，堪称是一部古代研究蟋蟀的专著，上下两卷，共一万四千余言。把蟋蟀写成"经"，而且细致入微、形象生动，如果从积极的角度来看，这是一部很难得的昆虫学专著，而且是在七百多年前；如果从消极的角度来看，当朝大员，斗鸡走狗，不务正业，置国家政务于何地？

传奇之二："湖上平章"。贾似道特别喜欢吃浙江湖州苕溪的鳊鱼，为此，专门建造了大池塘养鳊鱼以供享用。他每日深居私第，由小吏抱文书到家，大小政事皆由门人处理。即便是在襄、樊被围，形势危急的情况下，也没有耽误他与娼妓、尼姑、旧宫女喝酒淫戏，每天趴在地上，与群妾斗蟋蟀,或者整日游乐于西湖之上,当时人说:"朝中无宰相,湖上有平章。"

传奇之三:"收藏大家"。《宋史》说他"酷嗜宝玩,建多宝阁,日一登玩",为得奇珍异宝不择手段;抢人宝贝,人若不给,就加罪于人。其收藏之富的确让人瞠目。现存的无名氏所著《悦生所藏书画别录》记载其所藏不乏珍品,如晋代王徽之《至节帖》、唐代李阳冰篆书《心经》、李白《乘兴帖》、杜牧《张好好诗》、范琼《大悲观音像》等,每一件都是书画史上的杰作。

当然了,刚刚走向权力中枢的贾似道恐怕还未必像后来传说的那样"腐败";对文天祥这样一位新科状元固然有拉拢利用之嫌,但也并非没有一点公心可言。因此,文天祥并没有像应对董宋臣那样应对贾似道,而是欣然接受了知瑞州的任命。

那么,文天祥第一次担任地方官干得如何呢?

江西政声

"惟凭野老口,不立政声碑。"

在文天祥到任的三年前,瑞州就曾经被蒙古攻破过。全城大半被毁,满目疮痍,民生凋敝。文天祥到后,进行了大力的整顿:他以宽惠政策安抚民众,以清廉措施震慑官吏,将官兵中为害百姓的罪魁祸首绳之以法,并张布纲纪,上下肃然;又拿出积存的赋税收入,创"便民库",供借贷和救济之用。他给皇帝上书的时候提到的"开公道之门""寿直道之脉"均未被采纳,于是只好自己来。他先后修复了多处被烧毁的名胜古迹,如碧落堂、三贤堂等。碧落堂修复之后,文天祥有诗记之:

大厦新成燕雀欢，与君聊此共清闲。地居一郡楼台上，人在半空烟雨间。修复尽还今宇宙，感伤犹记旧江山。近来又报秋风紧，颇觉忧时鬓欲斑。（文天祥《题碧落堂》）

虽然有欢欣，有闲适，但对文天祥来说，挥不去的仍然是感伤，是忧患，大有范仲淹"居庙堂之高则忧其民，处江湖之远则忧其君"的感喟。"余友文君天祥宋瑞，自著庭出守，期月间，百废俱兴。"这是文天祥的老师欧阳守道对其知瑞州一月之后的政绩的概括。"百废俱兴"，四字千钧，遥想当年范仲淹《岳阳楼记》所记载的滕子京的政绩，也不过是这四个字。

1264年十一月十六日，理宗驾崩，度宗即位，改元咸淳。

文天祥被召回临安，任礼部郎官；很快，又改调江西提刑。江西提刑是个什么官呢？提刑的全称是提点刑狱公事，主管司法、刑狱、监察，兼司农桑。这期间，皇帝大赦天下，文天祥"推广德意，全宥居多"，平定寇乱，维持货币稳定，政绩斐然。然而，也正是因为政绩斐然，他才连遭弹劾。在江西提刑任上，曾经发生过这样一件事，对文天祥影响很大。

临江（今江西省樟树市）有个银匠姓陈，家里很穷。有一天在街上看到一商人牵着头驴，驴背上驮着许多交子（最早的纸币），陈银匠感叹说："穷人受苦，就是因为没有这么多钞票呀！"这话恰巧被一个路过的小贩听到了。第二天清晨，有人在一所寺庙的后山上发现了这个商人的尸体，钞票已不知去向。报官后，官府下令搜索疑犯，小贩便把陈银匠说过的那句话告诉了捕司。于是，官府就把陈银匠抓来拷问，并断定他就是贪财起意，杀人灭口。可怜陈银匠熬不住酷刑，被迫招供。结果一通公文上去，居然稀里糊涂地就处了死刑。

　　文天祥到任之后,适逢陈银匠母亲为儿子喊冤。文天祥感觉到此案非同小可,便调阅卷宗,发现漏洞百出,不禁怒火中烧,痛恨地方官为了政绩竟然如此草菅人命,决定重审此案。旁边有人劝说:"这个案子已经经过几级审核,办案的官吏都是你江西父母官,何必再去蹚这趟浑水?吃力不讨好,还会得罪人。况且人都已经死了,就别去找麻烦了。"文天祥怒道:"人命关天,岂能儿戏?如果有冤不能申,任由昏官残害百姓,纲纪废弛,国家如何振兴?"于是他经过多方查考,弄清了真相,判处审理、逮捕陈银匠的官吏死刑,判孤苦伶仃的陈母由官府赡养送终。

　　文天祥刚刚就职两个月,就平反了一起冤假错案,结果却遭到了御史黄万石"不称职,办事不力"的弹劾。而新登基的度宗皇帝连其皇叔理宗都不如,不问青红皂白,就罢了文天祥的官。

　　这里就有必要简单地介绍一下这位度宗皇帝。

　　度宗原名赵孟启,本是理宗的胞弟荣王赵与芮的儿子。其母为荣王小妾,在怀孕之后被逼服下打胎药,谁知胎儿没打下来,还是出生了。因为是皇帝近亲中唯一的男孩,他得到了全府上下人的保护,无奈已中药毒,天生体弱,手足发软,很晚才会走路,七岁才会说话,智力低于正常水平。前任皇帝宁宗的九个皇子都早夭了,理宗的三个儿子命运也一样,不得不把兄弟的儿子赵孟启收为养子,改名为禥。理宗专门为他配备了良师,精心教导,仍不能使他开窍,常常被气得发昏。左丞相吴潜坚决不同意让这个弱智儿成为大宋天下的继承人,请求另选宗室子弟。理宗当然不愿意,因为他自己就是史弥远从民间选来的,与宋皇室血缘关系原本就比较远了,再加上贾似道趁机进言,吴潜很快就被疏远了。理宗驾崩之后,弱智儿赵禥在贾似道的拥立之下就顺理成章地当上了皇帝,史称宋度宗。

这样一位弱智的皇帝你还指望他能分个青红皂白吗？

度宗即位之后，连批答公文都交给四个最得宠的女人执掌，号称"春夏秋冬"四夫人；各种政务都交给了拥立他的贾似道打理，自己则一味地淫乱。据《续资治通鉴·宋纪一百八十》记载，他曾一晚上临幸了三十多个嫔妃："故事，嫔妾进御，晨诣阁门谢恩，主者书其月日。及帝之初，一日谢恩者三十余人。"

这样的皇帝，这样的权臣，这南宋王朝真的是气数将尽了。

不幸的是，这样的末世却偏偏让文天祥这样的雄才给赶上了，能不悲乎？

人间直道穷。那些贪污腐败之徒当然看不惯廉洁自守的文天祥，于是又乘他的伯祖母梁太夫人去世之机，捏造罪名，想把他彻底搞臭。

这位梁太夫人实乃文天祥的亲祖母，文天祥的父亲文仪是她的次子，只是因为文仪过继给了叔父为子，她便成了文仪的伯母。梁太夫人丧夫之后，又改嫁刘氏。文仪长大后，就把宗法上的伯母、血缘上的亲娘梁太夫人接到家里居住，但同刘家仍有往来。度宗咸淳元年（1265），梁太夫人病逝，因为她已改嫁到刘家，是刘家的人了，所以，作为"承重孙"的文天祥就没有按照当时的礼俗戴孝守丧，只是"申解官承心制"。这原本也是符合封建礼教的，但攻击者大造舆论，说他隐瞒事实，不为祖母服丧，给他扣上了"违礼""不孝"的大帽子；而且还编了一本叫作《龙溪友议》的小册子，印了上万本，到处散发，让一些不明真相的人唾弃文天祥的为人，用今天的话来说，那就是让文天祥"社死"。

口舌如剑，舆论如刀，礼教杀人。

这件事闹得很大，以致文天祥的老师欧阳守道和曾凤都站出来，为文天祥申辩。虽然文天祥最终打赢了这场孝道官司，朝廷下令准许他承心制,但前后拖了一年多时间,耗时费力,给文天祥的身心带来极大的伤害。故宫博物院藏文天祥《行书上宏斋帖卷》就是其遭人诬陷后致刑部尚书包恢的"申辩书"。

诽谤被击退了,但文天祥受的刺激很深,一时心灰意冷,打算退出官场,做个隐士,在家闲居了将近两年。

正当文天祥寄情山水、陶醉于大自然之际,朝廷又任命他为吏部尚书左郎官;他坚辞不受,结果未能辞掉,于 1267 年十二月赴临安履职。或许是朝廷意识到了与文天祥同科的进士"无不登进",接连下诏命其兼任学士院权直、国史院编修官、实录院检讨官等职位。

但是好景不长,仅仅一月有余,文天祥再次遭到弹劾,这让他彻底心灰意冷,辞官隐居故乡山中。

一直到 1269 年,江万里出任左丞相,马廷鸾出任右丞相,文天祥才决意出山,被任命为宁国府(今安徽省宣城市)知州。只一个多月工夫,朝廷便下诏命其入朝。临行之前,他写下了情真意切的《劝农文》,语重心长地劝勉宁国府的百姓努力稼穑。宁国府的百姓在其离任之后,为他立下生祠来怀念他的功德。

再次入京的文天祥命运又会是如何呢?

第四讲 起兵勤王

　　入朝之后,文天祥即被任命为军器监(监制武器),兼任尚书右司郎官;数月之后,又免去郎官,兼崇政殿说书。这里的说书可不是讲评书,而是给皇帝讲读经史,以备顾问应对。按理说,可以直接面对天颜,文天祥的仕途似乎应该顺风顺水了。没想到的是,这样一来,他也与他一生最重要的对手——贾似道展开了正面交锋。

　　前面提到过,贾似道很会玩,玩出了一部《促织经》,玩出了"湖上平章""蟋蟀宰相"的恶评。《宋史》说他是奸臣,可是《宋史》是元人写的,不可轻信,更不可全信。后世人为了纠偏,说他是权臣。位极人臣,当然是权臣。关于贾似道的评价,不是本讲的主题。这里只是提醒看官:对于历史人物,不能简单地贴标签了事,历史有其自身的复杂性和多面性。但无论如何,贾似道位高权重是真的,飞扬跋扈也是真的。

　　飞扬跋扈到什么程度呢?

　　某次朝会,他忽然厉声说道:"诸君非似道拔擢,安得至此?"

　　整个朝堂鸦雀无声,唯有礼部侍郎李伯玉表示不服,抗辩道:"伯玉殿试第二名,平章不拔擢,伯玉地步亦可以至此!"(《宋史·李伯玉传》)结果,李伯玉便被贾似道赶出了京城,到地方上任职了。

贾似道最喜欢玩的把戏就是辞官致仕。

理宗驾崩,度宗登基,国丧之后,贾似道这个度宗的坚定支持者做的第一件事竟然是辞职:"臣岁数大了,干不动了。"交了份辞呈就直接回了绍兴私宅。其实他哪舍得手中的权力啊!辞职不过是他耍的一个伎俩。贾似道前脚刚走,他的心腹吕文德就从前线向朝廷发来紧急战报:"忽必烈打来了,陛下快发救兵啊,晚了就来不及了!"刚刚登基的度宗六神无主,当即派人请求贾似道复职。贾似道刚一回朝,吕文德就上奏说:"来势汹汹的元军听说贾相回朝,立马望风而逃了!"智商本来就不高的度宗就这么被贾似道轻易地哄骗住了,加封贾似道为太师,不再直呼其名,而是叫他师臣:"师臣真乃神灵啊!"

第二年,贾似道故伎重演,继续玩辞职。度宗竟然不顾君臣身份,"至涕泣拜留之"。作为参知政事的江万里实在看不下去了,站出来说道:"自古无此君臣礼,陛下不可拜,似道不可复言去。"(《宋史·江万里传》)

第三次,贾似道竟然以身体有病为由直接玩退休,度宗再次下诏,哭着挽留。这次恰好轮到文天祥起草挽留诏书。文天祥拟写了两篇诏书,一篇说去职有违众人之心,一篇说大臣应以国家安危为重。在诏书中,文天祥既没有对贾似道歌功颂德,也没有先让他审阅,这可是犯了大忌。按照贾似道上任以来的规矩,所有的文件都必须先让他过目才能放行,而文天祥破例直接将诏书送给了度宗皇帝。

这还了得!贾似道知道后大为光火,指示别人另起诏书,同时授意监察御史弹劾文天祥。这让天真耿直的文天祥对官场彻底绝望,又一次请辞。十年宦海,文天祥做的时间最长的官就是祠禄官,也只是一年多一点。由此可以看出当时的南宋朝廷内政乱到了什么程度!

这次辞官之后，文天祥决计不再出山，就在自己家乡附近的文山修建了一幢别墅，占地大约有一亩，从此过起了隐居的生活。表面上看似乎怡然自得，其实他的内心还是颇有挣扎的。闲情逸致的背后是壮志未酬，老大伤悲。

1273年，已是三十八岁的文天祥被朝廷征召为湖南提刑。此时，七十五岁的江万里被贬为湖南安抚大使。师生相见，百感交集。特别是在得知欧阳守道刚刚去世之后，这一对隔代的师生更是唏嘘不已。江万里语重心长地告诉文天祥："吾老矣，观天时人事，当有变。吾阅人多矣，世道之责，其在君乎！"（《宋史·文天祥传》）可见其对文天祥寄予了很高的期望。

随着祖母和母亲日渐年迈，文天祥请求调回原籍服侍二位老人，以尽孝道。朝廷答应了他的请求，同时命他知赣州。

从1259年丁忧期满踏入仕途，一直到回到原籍江西赣州任知州，正好是十五年。而这十五年，也正是文天祥从年逾弱冠到年近不惑，初尝宦海滋味的十五年。

也就是在文天祥知赣州期间，宋蒙形势发生了巨大变化。

《哀痛诏》下

历史再次闪回到1258年，蒙古大军第二次三路伐宋，蒙哥汗御驾亲征。

东路蒙军围困鄂州，中路蒙军久攻钓鱼城不下。让蒙哥万没有想到的是，面积不到二点五平方公里的小小的钓鱼城竟成了他的葬身之地。

长时间的围而不破，终于使蒙哥失去了耐心。他亲临前线督战，结果，被宋军投石机的飞石砸中，伤重而亡。这给蒙古王朝内部带来了极大的不稳定因素。蒙古帝国瞬间群龙无首，三路兵马军心涣散。更为重要的是，大汗之位空悬，政治陷入真空，内部各派势力蠢蠢欲动。

早已得到蒙哥死讯的忽必烈为了争夺汗位，并没有马上班师回朝，而是下令继续围攻鄂州，并且说出了"吾奉命南来，岂可无功遽返"的豪言，誓要拿下鄂州。

没想到的是，这一打，就是一百多天。

从大本营发来的公文一封接着一封催着忽必烈赶快回师，忽必烈的弟弟阿里不哥准备继承汗位了，忽必烈不能再等。

此时坚守鄂州的贾似道早就懈怠了，并不想趁机收复失地，打个翻身仗，便秘密派遣宋京赴蒙古大营议和。这对忽必烈来说，真是天赐良机，正中下怀：一个正要睡觉，一个正好递过来枕头。在谋士的建议之下，忽必烈便假意答应议和，代表贾似道意旨的宋京则口头答应：双方划江而治，南宋每年献给蒙古汗国银二十万两，绢二十万匹。和议成功，蒙古军撤退。也正是在蒙古军撤退之时，贾似道为了邀功，乘其不备，从后面截杀了一百七十人，于是便上表皇帝说"江汉肃清"，以功臣自居。此举不但骗过了皇帝，连文天祥也骗过了，致使文天祥一度对贾似道产生了极大的好感，并对其寄予很大的祈望。

《宋史》《元史》记载中关于贾似道的"鄂州大捷"和"鄂州议和"的重重迷雾虽然有商榷的余地，但忽必烈的撤军是真实的，南宋迎来了一个巨大的窗口期也是毋庸置疑的。

撤军之后的忽必烈回到蒙古之后，花费了四年的时间摆平了内部的各路诸侯，尤其是荡平了其弟阿里不哥的势力，继承了汗位。对内，进行了一系列的汉化、封建化的改革，国力大增，并于度宗咸淳七年（1271），改国号为大元，历史上的元朝就是从这一年才算真正开始。

建立了元朝，腾出手来的忽必烈开始了第三次大举伐宋。

1272 年，在南宋内部势力互相争功掣肘之时，在汉臣张弘范出谋划策之下，忽必烈攻下了襄、樊。襄、樊的失守对南宋来说是致命的，南宋朝野再次陷入巨大的恐慌。而此时当国的正是那位瞒天过海、党同伐异、善玩致仕把戏的权臣贾似道。

盲人瞎马，夜半深池；屋漏偏逢连夜雨，船迟又遇打头风。在位十年，三十五岁的度宗此时却驾崩了。由于度宗在位时没有立储，朝廷之内，不可避免地又发生了立嫡、立长之争。部分朝臣主张立长，但是，掌握实权的贾似道和太皇太后谢道清则主张立嫡。于是年仅四岁的赵㬎即位，史称宋恭帝，年号德祐。太皇太后谢道清垂帘听政，军政大权仍在宰相贾似道之手。

攻破襄、樊的元军以丞相伯颜为最高统帅，以宋朝降将吕文焕为先锋，率领二十万大军，从襄阳水陆两路向东进发。一路上几乎没有遇到什么像样的抵抗，直逼安庆（今属安徽）。安庆守将范文虎望风而降。

十万火急之下，谢太后督促贾似道出兵应敌，并下《哀痛诏》，期望天下将官义士起兵勤王。

《哀痛诏》的确够哀痛的，谢太后言辞恳切地试图用赵宋王朝三百年的功德感化天下，并且以高官厚禄悬赏，然而，形势到了这个地步，只能说为时已晚。所谓的高官厚禄已经失去了往日的诱惑力——起兵勤王，谁都知道那是铤而走险。因此，《哀痛诏》下，多数人采取观望的态度，有的甚至在寻找后路。

疾风劲草，板荡诚臣，在大厦将倾的危难时刻，文天祥再一次挺身而出。

德祐元年（1275）的正月，文天祥在家乡手捧诏书，泪流满面，决定应诏起兵,扶大厦于将倾,解万民之倒悬。于是传檄各路,共同举兵;并且变卖了自己的家产,以充军饷。很快,便招募了两万多人。

整体来看,追随文天祥起兵勤王抗元的可谓是三教九流皆有,"虽人品不齐,然一念向正,至死靡悔"。

面对勤王之师,也有人发表不同的意见,甚至泼冷水。有朋友就劝文天祥说:"今大兵三道鼓行,破郊畿,薄内地,君以乌合万余赴之,是何异驱群羊而搏猛虎?"

文天祥回应说:"吾亦知其然也,第国家养育臣庶三百余年,一旦有急,征天下兵,无一人一骑入关者,吾深恨于此。故不自量力,以身徇之,庶天下忠臣义士将有闻风而起者。义胜者谋立,人众者功济,如此,则社稷犹可保也。"(《宋史·文天祥传》)

这回答相当豪迈:我当然知道会是这样,不过,既然国家抚养臣民三百多年,一旦国家遇到紧急情况,向天下征集兵员,竟然没有一人一马响应入关,我对此感到非常遗憾。所以,我用自己的行动来对众宣示,期望天下有一听到消息就立刻行动的忠臣义士。一旦在道义上我们占得了优势,那么救国的方略就可以确立了;一旦响应者足够多的话,那么救国的功绩自然也就彰显了。如果真的如愿,那么社稷也就可以保全了。

文天祥起兵勤王的消息传到临安,朝廷立马封授其"右文殿修撰""枢密副都承旨""江西安抚副使"等一连串的头衔。

身处权力中枢的贾似道在《哀痛诏》的驱使下似乎也退无可退,只好硬着头皮应战,以孙虎臣为陆军先锋,逆流而上,到达芜湖,与从鄂州败退的夏贵会合,并以其为水军统帅,领战船江上驻扎。他自己则驻扎在芜湖以南。

对于一个骨子里就不想打仗的人来说,所谓的排兵布阵也只是一种作秀而已,每时每刻想到的都是议和。贾似道暗中派人与先行投降元军的吕师夔联系,希望通过吕与元军和谈。同时,还派出十五年前在鄂州向忽必烈求和的宋京,继续向伯颜、阿术求和。

和就和。为试其诚意,伯颜想约贾似道面议;贾似道却不敢出面,求和自然失败。

元军对宋军水陆并进,两面夹击。最后的结果可想而知:孙虎臣战败逃跑,夏贵还没等交战就跑,贾似道自己跑得更快,一口气从芜湖逃到了扬州。

前线的大溃败引起了朝廷内部对贾似道的极大不满,倒贾声浪高涨。参知政事陈宜中见贾似道大势已去,立马改换门庭,加入倒贾阵营。

这里还有必要说说陈宜中。他的出身是太学生,因为弹劾权臣丁大全误国,赢得了"六君子"的美名。入仕之后,投靠到贾似道的门下,变得老于世故。当贾似道战败的消息传到京城之后,他从贾的门人那里没有打听到贾的行踪,便以为贾完蛋了,于是上书谢太后,要求治贾似道的罪,以撇清其与贾的同党关系。

为平众怒,谢太后便罢了贾似道的官,但念及其"勤劳三朝",曲示保全。只是这贾似道在权势熏天的时候过于飞扬跋扈,得罪的人太多了,朝廷内外都坚决要求处死他,最后流放循州(今广东省龙川县),在押往贬所的途中为仇人所杀。

贻误战机

贾似道兵败丧师之后,谢太后分别任命王爚和陈宜中为左右丞相兼枢密使。没想到的是,这左右丞相还是互相掣肘,特别是在兵临城下,都城临安危在旦夕的时候仍不能勠力同心,这就给南宋朝廷带来了巨大的麻烦。元军步步紧逼,三月建康(今江苏省南京市)陷落,临安出现了混乱,谢太后束手无策,只好再下诏书:"我朝三百余年,待士大夫以礼。吾与嗣君遭家多难,尔大小臣工未尝有出一言以救国者,吾何负于汝哉! 今内而庶僚畔官离次,外而守令委印弃城。耳目之司既不能为吾纠击,二三执政又不能倡率群工,方且表里合谋,接踵宵遁。平日读圣贤书,自诩谓何,乃于此时作此举措! 或偷生田里,何面目对人言语? 他日死亦何以见先帝?"

这段诏书特别意味深长,值得解读一二。

赵宋王朝对知识分子礼遇有加,并且形成了一种传统,这的确是其他朝代所望尘莫及的。这源于宋太祖赵匡胤立下的规矩,促成了文化的繁荣发展,诚如陈寅恪先生所言:"华夏民族之文化,历数千载之演进,造极于赵宋之世。"(《邓广铭〈宋史职官志考证〉序》)也正因如此,谢太后才在大厦将倾之时无可奈何地翻旧账,意思是说,大宋王朝对得起你们这些臣工,可是你们都干了些什么? 我与皇帝遭受如此祸难,而你们却没有一个能够站出来出谋划策、解救危难,我哪里辜负了你们? 在内的纷纷背离职守,在外的纷纷望风而降,你们里外合谋,时刻准备逃跑。平日里读圣贤书,一个个都自负得不得了;而一旦危难降临,却干出这样的事来,活着如何面对世人,死后如何面对先帝?

是哀鸣,是埋怨,是无奈,更是局势危急到千钧一发的证明。

文天祥已经在吉州集结部众,等待命令,而朝内的两大丞相却意见不一。左丞相王爚非常高兴,主张迅速调文天祥勤王之师入京守卫;右丞相陈宜中却大不以为然,认为文天祥的举动属于"猖狂""儿戏",只让他在南昌驻扎。

消息一出，有诗讽之：

> 出师自古尚张皇，何况长江恣扰攘。闻道义旗离漕口，已驱北骑走池阳。先将十万来迎敌，最好诸军自裹粮。说与无知饶舌者，文魁元不是猖狂。

陈宜中固然怯战，但也事出有因。原因在于江西安抚副使黄万石从中作梗。

黄万石一向与文天祥不和，这次见文天祥起兵勤王，竟然有如此大的号召力，心生嫉恨，于是上奏朝廷，诬蔑文天祥的军队是"乌合之众"，"儿戏无益"，并唆使他人向枢密院告状，说文天祥的军队抢劫、扰民。陈宜中正愁没有把柄，借此便百般阻挠。

打仗非同寻常，讲的就是个士气，特别是一鼓作气。如果一支军队群情激愤、士气高昂，偏偏不让它上战场，时间一长，战斗力也就没了。可是目下的南宋朝廷当权派却害怕文天祥的勤王之师更甚于元军，下诏准其"留屯隆兴府"（今江西省南昌市），继续敷衍。接到圣旨之后的文天祥十分气愤，当即上书申诉。连朝中的那些太学生、正直敢言的大臣都看不下去了，上书责难陈宜中。

众怒难犯，陈宜中只好借故出京，而此前与其不和的左丞相王爚早已负气出走。

丞相轮空，谢太后只好任命留梦炎代理丞相。

这留梦炎也是个状元，与陈宜中交好，上任之后，一切还是按照陈宜中的方针办，让黄万石入卫京师，调文天祥驻守九江。

弄权者的翻云覆雨是阻挡不住历史的大势的。到了该年的七月，文天祥终于等到了召他入京的圣旨。之所以召他入京，是因为局势已经不堪收拾。扬州、镇江前线吃紧，临安京师已经逃空。

文天祥的军队到达临安之后，驻扎在西湖边上。此时，朝廷下了圣旨，对文天祥的勤王之师作了大大的褒扬，褒扬词相当精彩而动人："自吾有敌难，羽檄召天下兵，惟卿首倡大义，纠合熊罴之士，誓不与虏俱生。文而有武，儒而知兵。精忠劲节，贯日月，质神明，惟宠嘉之。投袂缨冠，提兵入卫，师律严肃，胜气先见，宗社生灵，恃以为安。"

不必说文天祥，即便是今天的我辈读之也会感动：这朝堂之上还是有有识之士的。

可是好景不长，不到七天，形势又变。圣旨再下，要他"依旧工部尚书，兼都赞。除浙西江东制置使，兼江西安抚大使，知平江府事"。

文天祥千里迢迢应诏勤王，兵临都城，却又要他"知平江府事"，将他打发去守苏州。

那么这到底又是怎么一回事呢？

其实文天祥早已看清了局势，是有人绑架了朝廷。他在其《集杜诗·苏州第五十四》小序中说得很清楚："予领兵赴阙，时陈宜中归永嘉，留丞相梦炎当国。梦炎竟不相乐，出予以制阃，守吴门。"

看清之后的文天祥当然不乐意，他选择了抗旨交涉。

结果，仍然是要他服从。这次是谢太后亲自下旨，让他"不候辞朝，疾速前去之任"。连辞朝的礼仪形式都不走了，反映出朝堂已经统一了意见。而此时的文天祥却也书生气十足，竟然抗旨不遵。如果是平时，这是要治罪的；现在是战时，而且文天祥的确手握重兵，对文天祥的抗旨，朝廷也的确奈何不得，只好再来软的一手：又加封其一个端明殿学士的头衔。

几番折腾,文天祥心灰意冷,又一次动了告老还乡的念头。他以"有墨衰从戎,无墨衰登要津者"为由要求还乡。

文天祥未出兵之前,他的祖母刘太夫人已经病故。古代居丧,如果在家守制,须穿白色孝服;如有战事出征,则穿黑色孝服,这叫"墨衰从戎"。可见文天祥是何等沮丧。

可是,即便如此,朝廷也不允许他还乡。

在此期间,陈宜中被召回,谢太后再次任命其为右丞相,留梦炎为左丞相。朝中再也没有了不同的声音。

陈宜中一直主张与元军议和,妄想继续沿用妥协的办法保住南宋小朝廷。但是议和总得有人去斡旋,他想让在襄阳投降元朝的吕文焕做牵线人,因此,要求朝廷追封已经去世的吕文焕的兄长吕文德为和义郡王,提拔吕文焕的侄子吕师孟为兵部尚书,想让他们吕氏叔侄包办整个议和事项。

本来这吕师孟因为叔叔投降自觉脸上无光,突然叔叔的投降竟然成了其被提拔的政治资本,前途一下子"峰回路转"了。

陈宜中的官复原职,吕氏叔侄的全权议和让文天祥彻底断绝了对朝廷的念想,觉得远离京师也好,这才赴命苏州。

就是在赴命苏州之前上朝辞行的时候,他依然利用最后的机会上书朝廷,指责朝廷"姑息牵制之意多,奋发刚断之义少",并主张杀掉吕师孟以鼓舞前方浴血奋战的将士,进而提出改革军队。

当然,这一切都是徒劳的。

兵临城下

为拿下临安,元军再次兵分三路:一路由阿拉罕率领,从建康(今江苏省南京市)出发,攻打独松关(今浙江省安吉县南独松岭上);一路由董文炳率领,出江入海,以范文虎为先锋,攻打华亭(今上海市松江区);一路由伯颜率领,以吕文焕为先锋,攻打常州。

常州是运河上的重要码头,一旦常州失守,元军就可以顺河而下,攻打苏州、嘉兴、临安。保卫常州也是驻守苏州的文天祥的重要职责。为保常州,朝廷还派了张全率领两千名淮军赶来增援。

坐镇苏州的文天祥分派了尹玉、朱华和麻士龙率三千人归张全节制。

没有想到的是,这张全非但没有统御之才,而且还心胸狭窄。在五木(今江苏省常州市郊)一役中,文天祥派去的三位将军都被他用来打头阵,他却坐视不管,眼睁睁地看着他们一个个为国捐躯。

文天祥在其诗作《吊五木》中沉痛地总结道:"呜呼,使此战张全稍施援手,可以大胜捷。一夫无意,而事遂关宗社。"

五木一败,常州就危险了。由于常州军民的死守,伯颜久攻不下,于是恼羞成怒,破城之后,下令对常州进行屠城。

五木战败,独松关也告急。独松关是建康经广德(今安徽省广德市)通往临安的咽喉要地,十分险要。朝廷要文天祥放弃平江,进驻余杭,增援独松关。文天祥觉得平江也很重要,不能放弃,于是上书朝廷,愿意分出部分兵力增援独松关。朝廷不答应,第二道圣旨接踵而至。他只好遵命,把平江的防守任务交给通判王举之和都统王邦杰,自己率领大军直奔独松关。队伍还在途中,就接到了独松关失守的战报。平江这边,文天祥刚一离开,二王就不战而降了。前无去路,后无退路,进退不得的文天祥只好返回临安。

平江失守,关于文天祥的谣言就开始在临安纷传:有人说是因为文天祥临阵脱逃；有人觉得像文天祥这样的忠义之士都怯懦如此，这大宋是没指望了。

为了洗却罪名，文天祥不得不把朝廷两次调兵的文书张挂在朝天门上，这才平息了谣言。

平江失守，元军距离临安就更近了一步。

就当时的情势来看，文天祥手下有三万多兵马，张世杰手下有五万多兵马，临安城内外尚有十万多兵马。文天祥认为有如此兵力，如果再指挥得力，部署有方，国事依然可为。于是联合张世杰上书朝廷，准备与元军决一死战。

然而，当权者陈宜中一心议和，拒绝了文天祥和张世杰的作战计划。

谢太后更是降诏说"王师务宜持重为说"，同样拒绝了他们的作战计划。但是，朝廷却还在为文天祥封官加爵，将其加封为签书枢密院事，让他在最高军事机构中参与决策。其实，形势已经不可收拾，所谓参与最高指挥决策不过是苦撑危局。

左丞相留梦炎见大势已去，自己先撒丫子开溜了，很快投降了元军。

在谢太后和陈宜中一门心思议和的大前提下，谁还能做得了大宋王朝的中流砥柱？

陈宜中先是派将作监柳岳前往元营议和。柳岳哭着对伯颜说："太皇太后年高，嗣君幼冲，且在衰绖中。自古礼不伐丧，望哀恕班师，敢不每年进奉修好。今日事至此者，皆奸臣贾似道失信误国耳。"

意思是说，我们先皇刚死，新皇年幼，礼不伐丧，希望你们能够撤军，我们每年进贡岁币就是了。今天两国关系到了这步田地，都是奸臣贾似道的言而无信造成的。

伯颜用三点意见回复了柳岳：

第一，你们宋朝太不像话了，竟然扣留了我们的议和代表十六年。

这里有必要补充交代一下扣留蒙古议和代表事。在蒙哥去世之后，蒙古内部的汗位之争开始了。忽必烈为争夺汗位，必须先行撤军，但又怕宋军看出破绽，便假意答应贾似道的求和。在谋取汗位之后，为平息内部各派势力纷争，争取更多的时间，忽必烈派当时有"天下一家"思想的中原鸿儒郝经出使南宋，宣告自己已经即位蒙古大汗，同时向南宋索要当初在鄂州与贾似道的使者宋京口头约定的岁币，并签署正式的书面和议文书。郝经一行数十人南下来到真州（今江苏省仪征市）。贾似道在了解了蒙古此次出使的目的后大惊失色，如果蒙使抵达临安议和的话，那么当年他谎报军情、欺骗南宋军民的"鄂州大捷"的神话不就破灭了吗？胆大包天的贾似道不顾两国交战不得扣押使者的惯例，命令淮东制置司把郝经一行拘留在真州忠勇军营，封锁蒙古派人南下议和的消息。这一扣就是十六年。

第二，为南宋王朝指出明路，让我们退兵也成，但你们必须效法钱俶、李煜，纳土归降。

第三点就有些不太厚道，开始揭赵宋王朝的伤疤，羞辱赵宋了："尔宋昔得天下于小儿之手，亦失于小儿之手，盖天道也，不必多言。"意思是说，你们宋朝当年就是从小孩（后周恭帝柴宗训时年八岁）手里夺来的天下，如今又从小孩（宋恭帝时年六岁）手里丢掉，这就是天意！

柳岳听完这话，羞愧万分，无言以对，只能跪在地上不断地磕头，痛哭流涕。

谢太后又派礼部侍郎陆秀夫前去元营求和，并表示愿意称侄、称孙、纳贡，只要保住南宋社稷，遭到了伯颜的再次拒绝。

局面已经彻底失控，谢太后任命吴坚为左丞相，顶替留梦炎。

此时的文天祥已经被任命为知临安府。

文天祥认为，与其被动地死守临安，还不如撤出部分兵力在外围寻找战机更有利于临安的安全。于是他把主力调到富阳（今浙江省杭州市辖区），只留下两千人卫戍京师。在布置完兵力之后，他向陈宜中建议：请三宫（太皇太后谢氏，太后全氏，皇帝赵㬎）入海，二王（赵昰、赵昺）分驻闽广，为赵氏王朝留下最后的种子。

可是，谢太后却不为所动，不愿入海。

同样手握重兵的张世杰与文天祥商量：你回江西，我去两淮，东山再起，也许尚可有为。

文天祥和张世杰正在摩拳擦掌、从长计议，而谢太后和陈宜中却加紧议和，哪怕称臣："苟存社稷，称臣非所较也。"

伯颜兵临长安镇，约陈宜中前去议事，陈宜中却不敢前往。

伯颜进军临平镇，距离临安只有三十里了，南宋朝廷只好派监察御史杨应奎献上了传国玉玺以及皇帝赵㬎的投降书。投降书有了，但必须有南宋最高行政长官的签字才能生效。右丞相陈宜中就是当时南宋最大的行政长官，可他不愿意背上投降宰相的千古骂名，连夜逃跑了，成了留梦炎第二。

老迈的太皇太后谢道清见左右再无可用之人，只好加封文天祥为右丞相兼枢密使，统帅天下各路军马。这个丞相又意味着什么呢？

第五讲　临危受命

　　垂帘听政的太皇太后谢道清加封文天祥为右丞相兼枢密使,都督诸路军马,文天祥到底接不接受任命呢? 这个时候,对任何人而言,加封任何头衔都不再有任何好处,只有不测的风险。文天祥当然非常清楚这一点,他在《指南录后序》中说得非常明白:

　　　　德祐二年二月十九日,予除右丞相兼枢密使,都督诸路军马。时北兵已迫脩门外,战、守、迁皆不及施。缙绅、大夫、士萃于左丞相府,莫知计所出。会使辙交驰,北邀当国者相见,众谓予一行为可以纾祸。国事至此,予不得爱身;意北亦尚可以口舌动也。初,奉使往来,无留北者,予更欲一觇北,归而求救国之策。于是,辞相印不拜,翌日,以资政殿学士行。

　　不过,这里有两点需要辩证:一是时间问题。《指南录后序》中的"二月",其实是"正月",因为二月九日文天祥已经被元军押解北上了,哪里还能再有为谈判而加封事,显然,文天祥是记错了时间。二是文天祥的丞相问题。这里的"辞相印不拜"并非指文天祥没有接受朝廷的加封,而是指在左丞相吴坚家中商讨军国大事的时候，他决定出使元营，感觉到以"右丞相"这种权力太大的身份出使不合适，所以才决定以"资政殿学士"的身份出使，表明他无权代表国家议和。当然了，这不过是文天祥的一厢情愿。太皇太后谢道清依然会把他当成"右丞相"，元军统领伯颜也只会把他当成"右丞相"。如果仅以"资政殿学士"的身份，恐怕伯颜也不会接待他。文天祥被扣押之后，其右丞相的身份很快就被和他一起出使元营又被放回的贾余庆取代了，也就是说，文天祥做丞相之职满打满算也不到两天。

外已兵临城下，内却朝中乏人。战、守、迁都已经来不及了，留守官员们齐聚左丞相吴坚家中商议对策。但无论如何商量，也只剩下一条路，那就是谈，谈就得有人出面，而且大家一致认为，只有文天祥出面才有缓解危局的可能。

国家到了这步田地，文天祥觉得明哲保身已是不可能了，再说文天祥原本也不是那样的人。于是便抱定了"我不下地狱谁下地狱"的决心。最主要的是，文天祥还抱着一丝幻想和信心，认为兴许元军能够被其说动；同时还抱着一线希望和私心，因为此前出使元营的人还没有被扣留的，此次出使自然也不会被扣留，而且说不定还能够观察、了解一下敌情，以便归来之后再求救国的良策。于是便决定暂时不以丞相的身份，仅以资政殿学士的身份出使元营。

在文天祥还没有最终决定是否出使元营的时候，他所有的那些幕僚门客都竭力鼓励文天祥出使议和，唯有杜浒力排众议，阻止文天祥说："敌虎狼也，入必无还理。"

杜浒，字贵卿，号梅壑，黄岩（今浙江省台州市辖区）人。少时游侠四方，有以身殉国之志。在文天祥起兵勤王的时候，时任县宰的杜浒立马聚兵四千余人响应文天祥，从此便一生追随文天祥，矢志不渝。

舌战群丑

正月二十日,文天祥、吴坚、贾余庆、谢堂等一行人来到皋亭山明因寺的元军大营。

元军大营刀枪林立,壁垒森严;中军帐外,侍卫成排,一个个昂首挺胸,危然肃立。

吴坚老迈,胆战心惊;谢堂胆小,战战兢兢;贾余庆谄媚,点头哈腰;唯有文天祥神色自若,大踏步走入伯颜的营帐。

元大将军伯颜稳坐在营帐中的虎皮交椅上,用眼睛横扫宋使一行,最后把目光落在了器宇轩昂的文天祥身上,并示意看座。

一个以胜利者自居:气势凌厉、强悍倨傲、头颅高昂。

一个以败不馁自卫:从容庄重、安之若素、凛然不可侵犯。

一个高高在上,目空一切。

一个钢筋铁骨,忠肝义胆。

文天祥虽然说是以战败国使节的身份前来议和,却表现得不卑不亢、有礼有节、辞色慷慨;在虎视眈眈、杀机重重的伯颜面前显得特别平静淡然,谈和而不乞和,谈判而不投降,丧权而不辱国。

且看他们如何交锋。

伯颜一副胜利者洋洋自得的样子:"文丞相是来商谈投降一事的吧?"

文天祥避实就虚,非常自然地回答道:"讲和吗? 自始至终本来就是前任宰相的事,内情细节我一概不知。现在太皇太后以我为相,我不敢接受,特地先来军前与您议和。"

虽然是权宜之计,却体现出文天祥运用外交辞令的技巧:一是明白告诉伯颜，我不是丞相，无权代表大宋王朝，此番来谈，只是议和，不是议降；二是我大宋前任丞相与你们所谈之事一概与我无关。三言两语就把宋室朝臣与元军议降的事情推得一干二净，以往的一切谈判算是彻底清零了，言外之意就是您休想从我这里再谈投降的事情，我这里没有"降"字。

自宋蒙开战以来，伯颜大概还从未遇见过这样的谈判对手，竟然顺口答曰："丞相来勾当大事，说得是。"

见伯颜如此接话，文天祥立马转守为攻："我大宋乃天下正统，遵循礼乐衣冠之道，而你们却大动干戈，侵我大宋江山，道义何在？你们这样做，是想与我大宋讲和，还是想要毁我江山社稷？"

也许现在的人看文天祥的这句话觉得可笑：都到这步田地了，还要那套没用的"文化"！可是当时这些话还是很有气场的，尤其是对元朝来说，一听到这几个字，还是会觉得有点心虚。

伯颜连忙回答说："进临安后，社稷必不动，百姓必不杀。"

原本处于攻势的伯颜这下子真的变成了守势，竟然把忽必烈给其诏书中的原话下意识地脱口而出。看来这伯颜为促使南宋早日投降，有些慌不择路、饥不择食了。

文天祥迅速抓住这一破绽，紧接着就是更加凌厉的诘问："你们伐我大宋，是背盟弃约的侵略行径，战争所带来的一切罪责完全应该由你们来承担。如果你们真有诚意，最应该做的就是退兵至平江或嘉兴，然后再谈议和条件。如果一定要一意孤行，灭我大宋，你们还有淮、浙、闽、广诸多地方尚未拿下，谁胜谁负还不一定呢！"

作为统帅的伯颜当然知道文天祥这是在搞缓兵之计，却又无法反驳，于是只好收起伪装，转而发威："败军之将竟还如此狂妄，你难道不怕死吗?"

这下文天祥反而更坦然了:"我文天祥乃南宋状元,只欠一死报国,即使刀锯鼎镬加身,也毫不畏惧。"

软的不行,硬的更不行。伯颜看着文天祥,虽说是个读书人却满脸正气,神色坦然。这多少触动了征战多年的伯颜埋葬于心底的英雄情结。他心里对文天祥有些佩服,态度自然软化;而且见文天祥言谈不俗,举止有度,显然是有备而来,怀疑其一定会有更大的动作,于是便命令随文天祥而来的吴坚等人先回去复命,将文天祥扣押。

这激起了文天祥的怒火,厉声质问伯颜:"我此来是为两国大事,何故留我?"

伯颜解释说:"文丞相不必恼怒。君为宋朝大臣,责任非轻,今日之事,我们须从长计议。"

还没等文天祥反驳,旁观的南宋降将吕文焕为了讨好伯颜,凑上前来想帮助伯颜解围:"丞相息怒,稍候一两天,即可回阙。"

吕文焕不插嘴还好,一插嘴文天祥愈发恼火,鄙视加蔑视,脱口而出的是:"乱贼!"

吕文焕很不服气,反驳道:"丞相何故骂文焕为乱贼?"

文天祥说:"国家不幸至于今日,汝为罪魁,你不是乱贼谁是乱贼?三尺儿童都可以骂你,为什么我不可以骂你?"

吕文焕被骂到了痛处,竭力为自己辩解:"我固守襄阳六年,内无粮草,外无救兵。除了投降,别无选择。"

文天祥说:"力穷援绝,就该以死报国。而你却贪生怕死,既辜负了国家,又败坏了家风,现在你们全家跟着你都成了叛逆,成了千秋万代的乱臣贼子!"

吕文焕的侄子吕师孟想帮叔叔一把，于是上前挖苦文天祥："丞相也曾经上书让朝廷杀我，那么朝廷为什么不杀我？"

文天祥更加蔑视吕师孟："你们叔侄都投降了北朝，没有杀你，那是本朝的刑法不够严苛，形同虚设，你哪里还有胆量和脸面来做朝士！对于朝廷不杀你们，我当然愤恨。只是你们叔侄如果能杀我，作为大宋的忠臣，正好成全了我，难道我还怕你们不成！"

也许是投降派的嘴脸看得太多了，文天祥舌战群丑的壮举被元军将士听得清楚，看得分明，给予了文天祥发自内心的尊敬，特别是主将伯颜私下里由衷地赞叹文天祥是"心直口快，男子心"。文天祥自己也曾经赋诗言志：

> 三宫九庙事方危，狼子心肠未可知。若使无人折狂虏，东南那个是男儿。（文天祥《纪事》）

然而，让文天祥始料不及的是，南宋投降的步伐比他想象得还要快。

朝廷投降

回朝之后的贾余庆等人合谋吓唬太皇太后谢道清，敦促其接受投降的一切条件，并加封贾余庆为右丞相，代替文天祥与元军洽谈。事到如今，为保全王室，谢道清也只得听从。于是，马不停蹄，左丞相吴坚、右丞相贾余庆、同知枢密院事谢堂、签书枢密院事家铉翁等一行人捧着降表，第二天就赶回了元营。

降表以六岁的小皇帝赵㬎的口吻拟成,虽然不长,读来却心酸至极、可气至极。

大宋国主㬎,谨百拜奉表于大元仁明神武皇帝陛下:臣眇焉幼冲,遭家多难。权奸似道,背盟误国,臣不及知。至勤兴师问罪,宗社阽危,生灵可念。臣与太皇日夕忧惧,非不欲迁辟以求两全,实以百万生民之命寄臣一身。今天命有归,臣将焉往。惟是世传之镇宝,不敢爱惜,谨奉太皇命戒,痛自贬损,削帝号,以两浙、福建、江东西、湖南北、二广、四川见在州郡,谨悉奉上圣朝,为宗社生灵祈哀请命。欲望圣慈垂哀,祖母太后耄及,卧病数载,臣茕茕在疚,情有足矜,不忍臣祖宗三百年宗社遽至殒绝,曲赐裁处,特与存全。大元皇帝再生之德,则赵氏子孙世世有赖,不敢弭忘。臣无任感天望圣,激切屏营之至。

这是中国历史上最为沉重的一张降表。
想当年,宋朝大军灭蜀时,蜀国的花蕊夫人曾写过一首诗:

君王城上竖降旗,妾在深宫那得知?十四万人齐解甲,更无一个是男儿!

不知道此时此刻谢太后心中是不是想起了这首亡国诗,她的心中是何滋味?赵宋王朝,一代一代,至此,把个江山彻底断送了,最后却由她和那个小皇帝来承担这个责任。
心酸在于不只是"靖康之耻"的历史重演了,整个宋朝都堕入了历史的轮回；可气的是统治者死到临头都不会忏悔，还没有忘记推卸责任。

然而，即便如此，伯颜依然以态度不够诚恳、措辞不够谦恭为借口，拒绝了这份投降书。谢太后只好将"大宋国主"改为"臣"，再卑躬，再屈膝，伯颜这才满意。

那么，对于文天祥出使元营被扣押一事，文天祥自己和后人是如何看待的呢？

就文天祥自己来说，他是痛苦、悔恨和悲愤至极的。原因并不在于自己失去自由，而在于为"国事遂不可收拾"而痛苦；为自己毁家所召集来的勤王之师不但起不到保家卫国的作用，还很可能面临随时被解散的风险而悔恨；为自己龙陷浅滩、虎落平阳而悲愤。这种复杂的心情实在无人可倾诉，只好付之于诗：

> 予自皋亭山为北所留，深悔一出之误。闻故人刘小村、陈蒲塘引兵而南，流涕不自堪。
>
> 只把初心看，休将近事论。誓为天出力，疑有鬼迷魂。明月夜推枕，春风昼闭门。故人万山外，俯仰向谁言。（文天祥《所怀》）

后人对文天祥出使的评价也是褒贬不一。明末清初著名思想家王夫之就持批评态度，而且非常尖锐："听女主乞活之谋，衔称臣纳贡之命。""摇惑于妇人之柔靡，震动于通国之狂迷，欲以曲遂其成仁取义之心，而择之不精，执之不顾，故曰忠而过也。"（王夫之《宋论》卷十五）

果然，拿到满意的投降书之后，伯颜很快就把文天祥的勤王军给解散了。

费尽千辛万苦招募来的两万多人一夜之间就被解散了,这对文天祥来说是最大的打击。伯颜认为这是劝降文天祥的最佳时机,于是便趁热打铁,对文天祥开始了新一轮的诱降。

这次诱降文天祥的是伯颜帐下的大将军,后来做到元朝丞相的唆都。

唆都劝文天祥说:"大元将兴学校,立科举。丞相在大宋为状元宰相,今为大元宰相无疑。丞相常说,'国存与存,国亡与亡',这是男子心。天下一统,做大元宰相,是甚次第!'国亡与亡'四个字休道!"

显然,"国存与存,国亡与亡"成了文天祥的口头禅,而唆都却劝他从今以后不要再这么执拗,说什么"国亡与亡"的傻话,到了我们大元你一样可以做宰相,一样可以显贵。唆都的劝降触动了文天祥敏感的心弦,致使其失声痛哭。文天祥这么一哭,唆都反而慌了,他怕文天祥真的一时想不开自杀,于是便唤来元军的另一位将领忙古歹和他一块劝降文天祥。

唆都、忙古歹问文天祥,度宗有几个儿子,现在的皇帝赵㬎排行第几?

文天祥回答说,有三个儿子,帝㬎是第二个儿子,因为是嫡子,便被立为皇帝。

唆都接着问,其他两个儿子都封王了吗?

文天祥答道,一个被封为吉王,一个被封为信王。

忙古歹接着问,二王现在何处?

文天祥答,大臣护之去矣。

唆、忙二人又问,去了哪里?

文天祥说,非闽则广。宋疆土万里,尽有世界在。

唆、忙说，既是一家，何必远去。

文天祥说，何为恁地说。宗庙社稷所关，岂是细事。北朝若待皇帝好，则二王为人臣；若待皇帝不是，即便别有皇帝出来。

这一段劝降的对话却问出了更大的问题：一是发现文天祥并没有因为南宋朝廷的投降而丧失信心，虽然被拘，但依然心系二王；二是作为政权的南宋虽然投降了，但作为国家的南宋却并没有灭亡，作为民心所系的南宋恐怕更不会轻易灭亡。这让两位将领大吃一惊。

此时的文天祥虽然失去了自由，复兴国家的信心和希望却并没有破灭，有诗为证：

一马渡江开晋土，五龙夹日复唐天。内家苗裔真隆准，虏运从来无百年。（文天祥《二王》）

四句诗四个典故："一马渡江"源于"五马渡江，一马成龙"，说的是西晋末年司马氏五王南渡长江，其中的琅琊王司马睿于建邺（今江苏省南京市）建立东晋。"五龙"说法不一，《史记·三皇本纪》记载："自人皇已后，有五龙氏。""夹日"，在太阳两旁，《左传》《史记》等都有记载："赤云如鸟，夹日而蜚（同飞）。"后世常用来比喻辅佐天子。所谓"复唐天"指的是恢复中原帝国，这里的"唐"应该是上古时期的"尧唐"，而非"李唐"，代指中原正统王朝。最后一句则典出隋代名将杨素的《出塞》："横行万里外，胡运百年穷。"

总的意思就是说，我大宋王朝后继有人，不是你们说灭就灭的，倒是你们蒙古人从来都没有过百年的国运。

这首题为"二王"的诗虽然豪气干云，二王却让他失望了；可是，诗的后两句却说中了。如果从忽必烈建政开始算的话，元朝共历十帝，正好是九十八年，死活没熬过一百个年头。

伯颜见唆都、忙古歹两个人的诱降都没能动摇文天祥抗元复国的决心，于是专门委派了一个叫信世昌的属官来陪伴、监视文天祥。这信世昌做的虽然是元朝的官，却眷恋着南宋，私下里和文天祥诗词唱和，与文天祥竟然成了好朋友。这对被拘留的文天祥来说是个莫大的慰藉。

为了最大限度地羞辱南宋朝廷，二月初五，伯颜还临时导演了一场受降仪式，让六岁的小皇帝赵㬎率领文武百官，拜表祥曦殿，宣布退位，向元朝乞为藩镇。这还不算，还要把南宋王室百余人押解北上，同时要右丞相兼枢密使贾余庆、左丞相吴坚、同知枢密院事谢堂、监察御史刘岊和签书枢密院事家铉翁等五人组成"祈请使团"，捧着降表去大都（今北京市）觐见忽必烈。

至此，南宋朝廷在两军阵前彻底完成了投降仪式。

朝廷都已投降，京师也无可卫戍，张世杰所部只好撤离临安，追随二王。

就这样，南宋王室百余人的投降团和五人祈请使团同时北上，靖康之耻重演，不过换成了德祐之耻。南宋的琴人、诗人汪元量用一首《醉歌》书写了南宋君臣投降仪式这一重大的历史瞬间：

> 乱点连声杀六更，荧荧庭燎待天明。侍臣已写归降表，臣妾佥名谢道清。

南宋之前，夜间计时都是五更，因宋初宫中忌讳"寒在五更头"这样的民谣，故五更之后加打六更。也有一说是"宫中于四更末，即转六更……终宋之世宫中无五更"。庭燎，就是火炬。乱点连声，六更已尽，一夜火炬不灭，天色已经微明。侍臣已写好归降表，堂堂国母也只能签名"臣妾谢道清"！

汪元量这首诗最厉害之处，就是抓住了谢太后在归降表上签署"臣妾"这一至关重要的特写镜头，真实地再现了南宋亡国悲剧的最高潮。其用力之处也正在于末句。这是中国独有的一种春秋笔法：汪元量身为一介琴师，不为君主尊上避讳，实录其当时签名之状，绝望、哀痛、谴责之情全部注入冷静客观、零度情感的历史叙述口吻之中。

被解北上

祈请使五人团乘船出发之前，吴坚以年老体弱为由求免，得到伯颜的允许。可是，在即将开船的时候，伯颜又改变了主意，不但要吴坚一同北上，而且还要文天祥也一起北上。

伯颜导演的这一出，文天祥当然看得明白：无非是让最高权威元世祖忽必烈确认受降的合法性；同时，关于如何处置宋朝赵氏宗室，还需要一番讨价还价，所有这一切都得有人去做。

文天祥岂肯就范，于是，开始写家书、写遗书，安排后事，随时准备自杀殉国。针对祈请使团北上，文天祥一口气写了九首诗，其中影响较大的一首如下：

初修降表我无名，不是随班拜舞人。谁遣附庸祈请使，要教索虏识忠臣。（文天祥《使北》）

意思是说，我文天祥与贾、吴、谢、刘之辈原本就不是一路人，更没有参与屈辱的投降仪式，成为拜舞班列中的一员。而你却让我随他们北上，我倒要让你看看谁是忠臣。

诗要表达的是一种殉国的决心。可是祈请使团中的家铉翁却劝他不必如此：现在自杀，并非勇者所为，不如到大都之后，看局势发展再说，你是大宋王朝最后的希望。文天祥被其说动，同时也想到昔人"将以有为"的典故。现在忍辱含垢并非贪生怕死，而是有更大的理想和目标还没有实现。于是他便放弃了轻生的念头，决计北行，伺机而动。

如果是别人劝阻文天祥，文天祥很可能不会接受；家铉翁的劝勉，文天祥还是听得进去的。原因在于家铉翁是五人祈请使团中最正直的一个，也是唯一可以与之交谈的人。在伯颜强迫诸大臣签署投降材料的时候，很多大臣都乖乖地签上了自己的名字，唯有家铉翁，宁死不签。这不能不让文天祥对家铉翁高看一眼。

"将以有为"出自唐朝"安史之乱"中著名的睢阳保卫战。

张巡、许远和南霁云凭借不到七千人的军队，对抗将近二十万的叛军，在左右无援、弹尽粮绝的绝境之下，仍然死守睢阳（今河南省商丘市辖区）达十个月之久，前后交战四百余次，总共击杀叛军十二万之众。期间，他们既为大唐守住了江淮这一最大的"钱袋子"、粮仓，又为平叛转入战略反攻争取到了宝贵的时间，以至于韩愈专门为《张巡传》作"后叙"，评价张、许等人看似"守一城"，实则"捍天下"，即使最后睢阳依然被叛军攻破，张巡、南霁云被俘。

城破之后，叛军先是逼张巡投降，张巡拒绝投降；叛军又逼迫南霁云投降，张巡怕南霁云抵抗不住，冲着南霁云大喊："南八，男儿死耳，不可为不义屈！"云笑曰："欲将以有为也。公有言，云敢不死！"南霁云的意思是，我原本打算忍辱偷生，以图东山再起，既然您这么说了，我哪里还敢不死呢！于是，便谈笑赴死。

从睢阳被围之后南霁云的一系列行为（不受诱惑、断指、射箭明誓、谈笑赴死）来看，"将以有为"的确不是南贪生怕死的托词。但也只能等到主角赴死才能证明。

这正是文天祥写《指南录后序》时最大的心结和最需要强烈辩白的地方。这种辩白，在《指南录后序》中有很多——只要有机会，文天祥总会为自己辩白上几句。对文天祥这样的儒生来说，死是不足畏的，可怕的是人言，是历史的误会，所以，能否"留取丹心照汗青"才是他最大的心结。

文天祥北行的随行人员共十一人，他们分别是路分金应，总辖吕武，帐前将官余元庆，虞候张庆，亲随夏仲，帐兵王青，仆夫邹捷、李茂、吴亮、肖发，最后是杜浒。其中最让人感动还是那个杜浒。在文天祥犹豫着要不要出使元营的时候，他的那些幕僚个个劝文天祥出使，只有杜浒劝阻；在文天祥被拘之后，那些幕僚门客很快都作鸟兽散，只有杜浒愿意留下来陪伴文天祥，这让文天祥非常感动，于是以诗记之：

> 仗节辞王室，悠悠万里辕。诸君皆雨别，一士独星言。啼鸟乱人意，落花销客魂。东坡爱巢谷，颇恨晚登门。
>
> 昔趋魏公子，今事霍将军。世态炎凉甚，交情贵贱分。黄沙扬暮霭，黑海起朝氛。独与君携手，行吟看白云。（文天祥《杜架阁》）

"雨别"就是离散；"星言"就是星焉，意思就是披着星星，亦泛言及早、急速。"巢谷"是苏轼最好的朋友之一。在苏东坡在朝为官、春风得意时,他未尝一来相见;而在苏东坡不断被贬谪、流放的过程中,他却一再往访。"魏公子"就是战国时期的信陵君魏无忌,以善养门客著称。"霍将军"就是西汉名将霍去病,他为汉武帝立下了盖世之功,因此得到了汉武帝的最高封赏。这使得大将军卫青的老友和门客多半离开了他,转投霍去病。两首诗列举了历史上的很多名人典故,但差不多就一个意思:赞赏杜浒这种不趋炎附势、患难见真情的高贵品格。

祈请使团和文天祥一行是乘船北上的。贾余庆揣摩文天祥的心理,暗中向伯颜献计:到了大都之后,为了防止文天祥逃脱,你们应该把文天祥囚禁在沙漠里。伯颜当然赞成贾余庆的计谋,早早便对文天祥加强了戒备。

祈请使团的船只是沿着古老的大运河北行的。

船到临安城外的谢村,岸上传来鸡叫声。这是文天祥北行以来第一次听到了鸡叫,意味着第一次到了有人家的地方,足见蒙宋战争的惨烈。要不是伯颜加强了戒备,文天祥在谢村的时候就差点逃脱。

船到留远亭,祈请使团一行开始了他们拙劣而丑陋的表演,文天祥用史笔和诗笔记载下了他们的丑行,将他们钉在了历史的耻辱柱上。押解祈请使团的元军点燃篝火,备好酒菜,并让祈请使团一行上岸与他们一块喝酒取乐。谢堂趁此机会,通过唆都向伯颜行贿,被放归;贾余庆为了献媚于元朝,满口脏话咒骂南宋朝臣;最无耻的就是刘岊,混到这步田地还在讲"黄段子"、耍流氓,以至于连已经投降的吕文焕都感到蒙羞,愤而叹息道:"国家将亡,生出此等人物!"

文天祥更是羞愤交加,付之于诗:

甘心卖国罪滔天,酒后猖狂诈作颠。把酒逢迎酋虏笑,从头骂坐数时贤。

　　落得称呼浪子刘，樽前百媚佞㳘裘。当年鲍老不如此，留远亭
前犬也羞。（文天祥《留远亭》）

无论如何，他们可都是南宋朝堂上有头有脸的人物，贾余庆更是贵
为宰相，没想到竟然堕落到如此地步，真可谓斯文丧尽。

船到苏州，勾起文天祥无限的感慨：如果不是朝廷瞎指挥，让他弃
苏州，驰援独松关，他一定会坚守到底，纵然是战死沙场，也胜过如此屈
辱地北上。每想至此，文天祥便悲不自胜，于是托病不出，僵卧船舱。
可是苏州的百姓听说文天祥将要经过，便早早地聚集在码头，要求上船
拜见文丞相。这让文天祥更加伤感，有诗记之：

　　楼台俯舟楫，城郭满干戈。故吏归心少，遗民出涕多。鸠居无
鹊在，鱼网有鸿过。使遂睢阳志，安危今若何。（文天祥《平江府》）

"睢阳志"的典故也是出自"睢阳保卫战"。可见，张巡、许远、南霁
云的事迹对文天祥的影响有多么深刻。文天祥之所以念念不忘张巡的
"睢阳志"和南霁云的"将以有为也"，耿耿于怀于朝廷没有让他坚守平
江，很大程度上是因为自己和张巡、南霁云有很多的相似之处：

都是文臣领兵，都是在国家遭受巨大危难的时刻起兵勤王，都有勇
有谋、堪称将才，最关键的是都拥有高尚的品格节操，不爱财，不惜命。
这一点非常重要，甚至是关键。试想如果不是张巡身先士卒、爱兵如
子，谁会为他拼命；睢阳如何能以七千兵力对抗二十万敌众，交战四百
多次，杀敌十二万众，死守十个月？

文天祥耿耿于怀的是：假设能让我和部将们像张巡、南霁云死守睢阳那样死守苏州，南宋的江山社稷未必不是另一番景象。

在平江，要见文天祥的百姓越来越多，这让押解的元军感到了不安。船停了不到一个时辰便匆匆解缆，趁着夜色，一口气驶出了九十里。

船到无锡，文天祥想起十八年前和弟弟文璧一同进京赶考的往事。如今已是满目疮痍，物是人非，感慨系之，录之以笔：

> 金山冉冉波涛雨，锡水泯泯草木春。二十年前曾去路，三千里外作行人。英雄未死心为碎，父老相逢鼻欲辛。夜读程婴存赵事，一回惆怅一沾巾。（文天祥《无锡》）

船到五木，文天祥的心底更是涌起了惊涛骇浪。因为五木是其部下尹玉、麻士龙等五百将士战死的地方，他于是写诗以纪念之："中兴须再举，寄语慰重泉。"

船到常州，文天祥更是悲不自胜。因为常州保卫战至为惨烈，城破后，伯颜下令大肆屠戮。文天祥发出了"苍天如可问，赤子果何辜？"的呐喊，痛骂元军的惨无人道。

就这样，一路行来，一路折磨。

启程之后的第十天，船到京口（今江苏省镇江市）。这已经是江南运河的最北端了，马上就要过长江了。一过长江，就是元朝的地界了，逃脱的机会就更加渺茫，文天祥更加焦虑万分。

第六讲　九死一生

　　船到京口，元人把祈请使团一行安置在了府衙。为了能找到更多的逃脱机会，文天祥不愿意与贾余庆、刘岊这等龌龊小人为伍。他看到吴坚因病被留在了船上，便也找了一个借口返回船上，最后住到了运河岸边一个沈姓的乡绅家中。

　　处在长江和大运河交汇点上的京口，北面与瓜洲（今江苏省扬州市邗江区）、扬州遥遥相望，这种独特的地理位置使得京口一带岔路纷歧，脱身的空间比较大，可能性也比较大，关键就是看计划周密与否以及能否把握时机。果然，文天祥在京口逃脱了。

　　这真可谓是九死一生。文天祥以《脱京口》为总标题，一口气写下了十五首以"难"字为题的诗，用抒情的方式真切生动地记述了这一脱身历险的过程；后来又在《指南录后序》中再次记述了这一过程。平常我们说"九死一生"多少带有一些夸张的成分，但对文天祥来说非但不是夸张，而且还不够。

　　我们不妨循着文天祥的足迹，再体验一次他那十五"难"的逃生之路。

京口脱险

第一是"定计难"。

是去还是留？这是生与死的艰难抉择。选择走，随时可以死；选择留，至少可以多活一会儿。有没有通盘的考虑、整体的计划？脱险之后逃往何处？有了计划，能不能付诸实施，谁来实施，敢不敢实施？这些问题同样决定着生死。因为整个江南差不多都为元军所控制，江北倒还有零星的宋军据点，南宋的救亡活动只能局限在东南沿海一带。文天祥想到了镇守扬州的李庭芝。他曾经多次杀掉劝降他的元使，烧毁招降榜文，即使是朝廷都投降了，他依然坚持死守扬州。投营先投帅，文天祥决定投奔扬州。可是余元庆却认为不可，说元将阿术拥重兵坐镇瓜洲，正好堵在京口和扬州之间，要穿过这一道封锁线，难如登天。他建议不如去真州，理由有三：一，他自己就是真州人，熟悉地形；二，真州安抚苗再成也是员猛将，至今未降；三，真州在江北岸边，较利于突破元军的监守。唯一的不便之处在于真州在京口的上游，须溯流而上。文天祥、杜浒都被余元庆说服了，最终决定：西去真州，万死东归。如此便先行克服了第一难：

> 南北人人苦泣岐，壮心万折誓东归。若非研案判生死，夜半何人敢突围。

第二是"谋人难"。

元朝那些解差都不是吃素的，越往北，对文天祥的看管越严；但对其部下和随从的看管却渐渐放松。这就给了杜浒可乘之机。杜浒到底是从基层干上来的，经验特别丰富。他装疯卖傻，每天喝得醉醺醺的，时刻寻找机会与那些陌生的百姓交谈，希望有人能提供帮助。每每遇到心系南宋的百姓，杜浒就偷偷地送给他们一点银两；如果关系还能深入一些，就请求人家帮忙。就这样，先后找到了十余人。可惜的是，这些人都表示爱莫能助，因为最关键的逃生工具——船只很难找到。

语以泄败，事以密成。常识告诉我们杜浒这样做有多危险：这十多个人当中只要有一个是贪婪之辈，向元军举报，一切计划都将泡汤。从无一人举报这点来看，当地百姓还是心系南宋者多：

　　　　一片归心似乱云，逢人时漏话三分。当时若也私谋泄，春梦悠悠郭璞坟。

郭璞是东晋人。他知识渊博，多才多艺，在诗赋、训诂、天文、历算、卜筮等方面都卓有成就。他曾担任王敦的记室参军，以谏阻王敦谋逆被杀，葬在了京口的金山寺。文天祥用郭璞坟的典故是想说明，一旦事败，那就只有像郭璞那样葬身京口了。

第三是"踏路难"。

既然城里找不到船，那就只能到江边看看。从城里到江边距离远且不说，关键是各个要道都有元军的关卡把守，要想顺利通过真比登天还难。杜浒是个"老江湖"，他先找到一个当过兵的马夫，请他带路，顺利地躲过了各种关口，来到了一片旷野，距离江边也就非常近了。于是文天祥以诗记之：

烟火连甍铁瓮关，要寻间道走江干。何人肯为将军地，北府老兵思汉官。

第四是"得船难"。

江边当然有船，但多数都被元军控制，希望破灭。好在天无绝人之路。正当大家一筹莫展之际，作为真州人的余元庆说，他有一个老相识在元军中担任一个小官，虽然职位低微，但手中掌管船只若干。余元庆秘密联系了这位老朋友，并相约在一个小酒馆中会面，商议借船之事。最终如愿以偿。杜浒也从一个百户长那里买到了一盏官灯。更巧的是，在从江边回到市内的途中他们还结识了一名元军老兵，竟然愿意给他们做向导。

所有这一切都证明：人心思宋。尤其是余元庆的那位老朋友，当他听到余元庆提出以官职和银两作为筹码借船的时候，竟然很生气，皱着眉说："为国家救一个丞相，是我应该做的事，要什么官职和银子？只求丞相给我字条，将来逃出敌手，也好有个报效国家的凭证！"当文天祥知道这一切之后，又一次以诗记之：

经营十日苦无舟，惨惨椎心泪血流。渔父疑为神物遣，相逢扬子大江头。

渔父的典故大家应该比较熟悉。伍子胥逃难过江，全靠渔父的帮忙，渔父堪称是伍子胥的救命恩人。如果没有渔父，就没有伍子胥后来的故事，吴楚争霸的历史将黯然失色。饱读诗书的文天祥由那些心向南宋的船夫、老兵自然想到了救伍子胥脱险的渔父。

第五是"绐北难"。

这里的"绐"读音是 dài，古同"诒"，意思是欺瞒。

得船之后，高兴劲儿还没过，就突然接到元军命令，要祈请使团以及文天祥一行立即渡江前往对岸的瓜洲。贾余庆和刘岊得到的命令早一些，已经先行过江；吴坚和文天祥得到的命令稍微晚一些，文天祥便以天色已晚为由拖延到明日再过江。元军竟然没有怀疑，答应了他们的要求，于是文天祥又以诗记之：

百计经营夜负舟，仓皇谁趣渡瓜洲。若非绐虏成宵遁，哭死界河天地愁。

第六是"定变难"。

事不宜迟，必须在当晚过江。如果一起走，目标过大，肯定不行。于是他们便决定分头行动：先派两人去江边弄船，约定晚上把船停靠在甘露寺旁；又派三人到愿意带路的老兵家里等候。出乎预料的是，老兵竟然临阵变卦，装醉不醒。其妻子见有三个陌生人来找丈夫，非常恐慌，便向丈夫追问缘由。老兵装憨，闭口不言。妻子怕事，要喊邻居。三人中有一人急忙报告给杜浒，杜浒要三人将老兵带回，当即拿出三百两银子塞进了老兵腰包，老兵这才答应带他们上路。真个是有惊无险。文天祥以诗记之：

老兵中变意差池，仓卒呼来杇索危。若使阿婆真一吼，目生随后悔何追。

第七是"出门难"。

住在乡绅家的时候，负责监视、看管文天祥的人是个千户，姓王。这王千户非常尽责，形影不离。文天祥要走出乡绅家门，必须首先摆脱王千户。怎么办？文天祥便借口明天就要离开京口了，特地安排了一场酒宴答谢乡绅，自然也邀请了王千户参加。夜静更深，王千户被灌得酩酊大醉，文天祥才乘机逃脱，登上了江中的小船：

> 罗刹盈庭夜色寒，人家灯火半阑珊。梦回跳出铁门限，世上一重人鬼关。

第八是"出巷难"。

元军占领的京口实行宵禁，不时有元军巡逻，这点难不倒杜浒。有个主管宵禁的刘百户经常到乡绅家聊天，一来二去，杜浒便与他混熟了。出逃的当晚，杜浒约他去逛青楼，并求他先派一个小番来提灯引路。果然，刘百户没有爽约，派了一个小番来。事不宜迟，杜浒赶忙唤出带路的老兵，文天祥换上新的装束，直奔城北江边。刘百户只是叫小番去接人引路，但并没有告诉他去哪里，一切须听从杜浒的安排。于是，提着官灯的小番不明就里，把文天祥一行直接送到了城北：

> 不时徇铺路纵横，小队戎衣自出城。天假汉儿灯一炬，旁人只道是官行。

第九是"出隘难"。

行至北城，已是半夜，眼前是出京口的最后一道关卡，守关的元军均已酣睡，只有十几匹马拴在那儿。文天祥一行只好蹑手蹑脚地从马群旁轻轻穿过。马见生人靠近，稍稍有些骚动。只要有一匹马打个响鼻，熟睡的元军就有可能被惊醒，一切都将功亏一篑。

千钧一发，屏住呼吸。兵睡得沉，马也帮忙。文天祥一行终于平安越过了最后一道关卡：

> 袖携匕首学衔枚，横渡城关马欲猜。夜静天昏人影散，北军鼾睡正如雷。

手握匕首的文天祥早已为困难重重的出逃做好了准备，一旦失败，随时准备自杀。

第十是"候船难"。

逃出最后一道关卡之后，按照约定，他们来到甘露寺旁，却看不到船的影子。难道是余元庆的朋友不可靠，爽约了？如果此时元军追来，必然是死无葬身之地。余元庆坚信自己的朋友不会爽约，于是便撩起衣服，跳入水中，四处寻找船只。水寒侵骨，余元庆搜索到将近二里之遥，才终于发现了隐藏的船只。真个是绝处逢生！于是文天祥以诗记之：

> 待船三五立江干，眼欲穿时夜渐阑。若使长年期不至，江流便作汨罗看。

从诗中可以看出，沮丧到极点的文天祥在万不得已的时候，是要效法屈原投江来了断自己的。

第十一是"上江难"。

终于上了船，可是仍不能放松警惕，江面上到处都是元军的船只。文天祥一行到了七里江，突然遇到了元军的巡逻船。对方冲着他们大喊："什么船?"艄公答曰："河豚船!"元军当然不信，大声喊道："歹船!"意思是说船上一定有奸细。文天祥一行立马紧张起来。真个是上天保佑，此时江水突然落潮，元军稍大一些的巡逻船搁浅了。天赐良机，文天祥一行勠力同心，快速逃离了元军的视野：

> 蒙冲两岸夹长川，鼠伏孤蓬棹向前。七里江边惊一喝，天教潮退阁巡船。

第十二是"得风难"。

江中行舟，最怕的是没有顺风。摆脱元军巡逻的文天祥一行惊魂未定，只见艄公神色郑重，跪在船头，祈祷风神速来：

> 空中哨响到孤蓬，尽道江河田相公。神物自来扶正直，中流半夜一帆风。

第十三是"望城难"：

> 自来百里半九十，望见城头路愈长。薄命只愁追者至，人人摇桨渡沧浪。

第十四是"上岸难"：

岸行五里入真州,城外荒荒鬼也愁。忽听路人嗟叹说,昨朝哨马到江头。

最后是"入城难"。

历经千难万险,终于到了真州城下。面对守城宋军的盘问,文天祥的随行人员大声回答说:"文丞相从京口走脱,前来投奔。"城头的宋军闻讯,欣喜若狂,纷纷上前迎接文天祥。这让文天祥不禁百感交集,上一次"享受"这种"聚观者,夹道如堵"的"待遇",还是1256年被理宗皇帝钦点为头名状元的时候,一晃二十年过去了。真州守将苗再成出城迎接。在那个通信不发达的时代,临安城陷,朝廷投降的消息还没有传到真州。文天祥将国家罹受的祸难一一告诉真州的将士,听者无不痛哭。苗再成设宴款待文天祥一行。文天祥感慨万千,有诗记之:

轻身漂泊入銮江(真州),太守欣然为避堂(避堂,即"避正堂",亦作"避正殿"。让出正厅,表示恭敬)。若使闭城呼不应,人间生死路茫茫。

从元营被拘,到京口脱险,再到真州入城,整整四十天。尤其是京口脱险这一段,十五首"难"诗如实记录,堪称诗史。四十天的惊魂,四十天的历险,一朝踏入故国的土地,见到故国衣冠,怎么可能不百感交集。于是,文天祥一口气又写了七首《真州杂赋》来抒发转危为安、准备重整旗鼓、收拾旧山河的复杂心情。这里仅举最具代表性的三首:

四十羲娥(日夜)落虎狼,今朝骑马入真阳。山川莫道非吾土,一见衣冠是故乡。

十二男儿夜出关,晓来到处捉南冠。博浪力士犹难觅,要觅张良更是难。

公卿北去共低眉,世事兴亡付不知。不是谋归全赵璧,东南那个是男儿。

真州被逐

见到文丞相,真州守城苗再成当然兴奋异常,立即与文天祥商量自己思考多时的复兴计划。在他看来,单单两淮的兵力就足以复兴大宋河山;可惜的是,淮南东路制置使李庭芝(驻扬州)与淮南西路制置使夏贵(驻庐州,今安徽省合肥市)二人不和,很难合纵。文天祥这一来,局面就不一样了。由文天祥出面联络,兵合一处,将成一家,不用一个月,江南即可乾坤扭转。

文天祥便问他有没有详细的作战计划,苗再成回答说:"先图两淮,再图江南。"并将思虑已久的具体方案部署和盘托出。文天祥听后激动不已,在《议纠合两淮复兴》的小序中写道:"予喜不自制,不图中兴机会在此,即作李公书,次作夏老书。"

然而,这只是他们天真的一厢情愿。其实所谓的"夏老"早在文天祥入真州之前就已经投降了,不过是因为消息不通,苗再成还不知道而已;而且天下的大势已经基本上能见出分晓,唯其如此,作为末代顶梁柱的文天祥才愈发独木难支。很快,更大的打击到来了。

就在文天祥给李庭芝、夏贵寄出书信,相约共同举兵、复兴大宋后不久,李庭芝就委派提举官给苗再成送来了一封信。起初,苗再成以为这封信是李庭芝对起兵函的回应，没想到竟是一封对文天祥杀伤力极强的密信。信中要求苗再成提防文天祥，提醒他说，文天祥很可能是元军的奸细。原来李庭芝早已中了元军的离间计。在文天祥出逃之后，元军便放出了消息："有一丞相，差往真州赚城。"李庭芝信以为真。

想想也不奇怪，南宋投降的宰相大臣还少吗？怎么就能断定文天祥是个例外呢？我们现在当然知道文天祥是个例外，可在当时呢？宁信其降，不信其脱。即便能逃脱，也没有十二个人一起都能逃脱的道理啊！李庭芝在信中还埋怨苗再成过于轻信，为什么不在城外就射杀他们，竟然还打开城门放他们进来。

设身处地地想象一下苗再成的心情该有多么复杂和矛盾：是杀，还是放？是留，还是逐？就苗再成本人来说，他不忍心杀掉文天祥；但李庭芝是他的上司，上司的警告又不能不听。万难之下，他想到了一个办法。

文天祥到达真州的第三天，早餐之后，苗再成约文天祥一行一同去视察城防。先是派了一个陆姓都统陪着他们视察了小西门，然后又派了一个王姓都统带着他们似不经意地走出了城门。刚过吊桥，王都统便瞬间变脸："有人在扬州说丞相不好。"说着便拿出了李庭芝的书信，当众宣读。文天祥一行被这书信震撼得还没回过神来，王都统已经策马跨过了吊桥，返回到城里，拉起了吊桥，紧闭了城门。

刚刚脱离敌人虎口的文天祥竟又落入了自己人设下的陷阱，如今是进退两难，不知道该往何处。

时过境迁后，文天祥有诗记之：

一别迎銮十八秋，重来意气落旄头。平山老子不收拾，南望端门泪雨流。（文天祥《出真州》）

光哭是没有用的,国已丧,家已亡,文天祥一行陷入了绝境,而且冤屈之苦更甚于恐惧之苦,因为你有冤无处诉。正当他们一筹莫展之际,城门开了,两名宋军头目(当时称之为"路分")带着五十名全副武装的兵丁,携着他们的行李包裹,来到文天祥跟前,说是奉苗将军之命,护送文丞相一程。把行囊还给文天祥之后,两名路分还把自己的马让给了文天祥和杜浒,并问他们准备去哪里。文天祥说,迫不得已,只能去扬州见李将军,得把这事说清楚,不然岂不冤屈一辈子?两名路分转达苗再成的话说,扬州去不得。文天祥说,听天由命,只能去扬州,纵然是死,也要个清白。两名路分见说服不了文天祥,只能跟着他们走。走了不长一段时间,五十名兵丁突然停下来,拔出刀剑,气氛立马紧张起来。

两名路分齐声说道:"丞相下马,有事商议。"

文天祥不得不下马。

路分说:"再往前走几步。"

文天祥只有听命,往前走了几步。

路分说:"且坐且坐。"

文天祥以为死期已到,立而不坐。

路分说:"今日之事,非苗安抚意,乃制使遣人欲杀丞相。安抚不忍加害,故遣某二人来送行,今欲何往?"

文天祥说:"只能去扬州,还能去哪里?"

路分说:"如果李庭芝杀丞相怎么办?"

文天祥说:"听天由命,管不了那么多了。"

路分说:"我们苗安抚的意思是要我们送你们去淮西。"

文天祥说:"往淮西这一路上都是元军的地盘,无路可走。我只是想见李制使,如果李制使还能信任我,还能连兵以图恢复;如果得不到李制使的信任，我就借道通州（今江苏省南通市），走海路追寻行朝。"

路分说："李制使不会接纳你们的。依我看，倒不如暂时先在这山中躲避。"

文天祥说："躲避起来又能干什么呢？该生就生，该死就死，一切等到扬州城下作个了断。"

路分说："我们安抚已经为你们准备好了船只，你们可以继续沿着长江走，无论归南还是归北都行，悉听尊便。"

文天祥一听"归北"二字，立马恼怒，厉声喝道："这是什么话？难道你们苗安抚也怀疑我？"

两名路分见文天祥去扬州的决心非常坚定，便缓和了脸色，打消了疑团，说出了实情："我们苗安抚对丞相的确是在疑信之间，让我们见机行事。我们看到了您是这么一个人，忠心耿耿如此，还如何能下得了手。既然您决意去扬州，我们就护送到底。"

文天祥这才如释重负，想想还真是后怕——但凡只要一句说错，命就没了。文天祥拿出一百五十两银子分送给兵丁，并承诺安全抵达扬州之后再送给他们每人十两；还答应给两名路分每人百两，以答谢他们非但不杀还要护送的恩情。对这一段历险，文天祥有诗记之：

　　　　荒郊下马问何之，死活元来任便宜。不是白兵生眼孔，一团冤血有谁知。（文天祥《出真州》）

高邮闭门

然而，文天祥真正的磨难还没有到来。

从真州到扬州,中间要跨越元军控制区。白天不敢走,只能夜行。行至中途,五十名兵丁已经有三十名先行撤离,只剩下二十名护送;再往前走,剩下的二十名兵丁也不愿护送了,临别时还要向文天祥勒索银两。不过,他们倒是给文天祥提供了一条有价值的建议,就是跟着到扬州贩货的马队("马垛子")行走会安全一些,并且很快就会到达扬州西门。果然,夜半的时候他们就赶到了。西门外有个早已坍塌,只剩下断壁残垣的十三郎庙,他们也顾不得那么多了,倒头便睡。睡到四更天,马队便开始起程,在西门外等候开门。他们便混迹在马队中间。

城门打开,把门的宋军对过往行人严格盘查,这让文天祥一行又一次陷入窘境。要想进城,就必须接受盘查,就要开口讲话;开口讲话,外地口音就会使他们暴露。如果不进城,几十里地的路就白跑了。再联想到李庭芝专门给苗再成写信要杀掉他们,即便进了城,又如何保证李庭芝不杀他们? 说不定城都进不了,就死在了城头投下来的乱石之下。当时在真州,决意去扬州找李庭芝为自己辩白,未免有赌气的成分;如今这一路行来,到了扬州城下,城上的杀伐之声的确不妙,这让文天祥冷静了很多。真是进也难,退也难,"彷徨无以处"。

关键是文天祥一行内部围绕着进不进城也发生了矛盾。杜浒坚决反对进城,建议借道高邮(今属江苏),再转至通州,从海上去追寻二王,白白死在城下有什么意义? 金应坚决反对杜浒的主张,理由也很充分:到处都是元军岗哨,距离通州五六百里,如何能平安到达? 与其受那么多的罪去送死,倒不如死在扬州城下,也算是为国捐躯,再说,万一李庭芝肯放我们一马呢?

正当他们争执不下的时候,余元庆却带来了一个本地的樵夫。文天祥询问樵夫,可否带我们到高邮? 樵夫说,可以。又问,哪里能暂避一天？樵夫说，我家就可以。你家有多远？二三十里地。中间有没有元军的岗哨？好几天碰不到一次。那么今天呢？那就看诸位的造化了。问答之间，文天祥的主意已经决定了，选择站在杜浒一方，绕道高邮，奔通州，渡海南归。

要知道，高邮在扬州的北面，必须先北再南，这一绕又是几百里。余元庆等四人实在受不了了，带着分藏在他们身上的银两逃跑了。这真是屋漏偏逢连夜雨，船迟又遇打头风，让文天祥非常痛心。虽然这不至于动摇文天祥个人的决心，但非常影响士气。其实，谁都不是铁打的，不过是凭着一口气、一种信念罢了。精神上的打击，肉体上的饥饿、困顿，很快，文天祥的体力也渐渐不支，瘫倒在荒草中。随从将其扶起，继续赶路。就这样倒下扶起，扶起倒下，反反复复数十次，终于行至桂公塘一土围处。问樵夫，说只走了一半的路程。天已大亮，文天祥一行实在走不动了，再走恐怕也更危险。于是他们决定到土围中暂且休息、躲避。樵夫说，我要先去扬州籴米，黄昏时才能赶回来；你们如果愿意到我家暂避，就在这里等我归来。说完就自己先走了。剩下文天祥一行八人，又困又累，于是倒头就睡。半睡半醒之间，饿意侵袭，可是他们又不能生火做饭。按照元军的习惯，他们是午前巡逻，午后回营。正当大家准备趁这空当生火做饭的时候，忽然听到人声鼎沸，由远而近。八人顿时屏声静气，从墙缝中向外张望，只见一队元人骑兵正向土围子奔来。这让文天祥非常后悔没有死在扬州城下，以至于眼下要再次成为元军的俘虏。

正当大家紧张得大气都不敢喘的时候，突然狂风大作，黑云压城，暴雨随风而至。元人骑兵为了躲雨竟然疾驰而去。这真是吉人自有天相啊！

黄昏将至,樵夫依然不见踪影。八个人在土围中饿得发慌,于是决定派两个人出去弄吃的。由于此前文天祥等人成功逃脱,再加上祈请使团一行即将路过,元军下令,加强戒备。两个寻找食物的人非但没有找到食物,反而被元军提住,身上的三百两银子全部拿来贿赂了元军方才被放回。

暴雨刚过,再加上肚子饿,土围子已经不适合过夜。文天祥一行八人来到一座破庙,破庙里还住着一个讨饭的老妪。他们刚刚安顿下来,突然,一个中年男人闯了进来,手里还拎着一根粗大的棍棒;紧接着又进来三四个男人,同样的,人人手里都拎着家伙。这让文天祥他们感到震惊。刚出狼窝,又进虎口,难道是遇到土匪了吗? 一打听才知道,他们都是樵夫,白天出门砍柴,晚上住在破庙,第二天一早进城把柴卖掉。因为这些天元军加强了戒备,午后扬州早早地就关上了城门。这也就解释了作为向导的樵夫为什么没能赶回来。

樵夫们生火做饭,文天祥等人饥肠辘辘,樵夫们便施舍给了他们一些。这一晚总算对付过去了。

第二天,在樵夫的带领下,他们来到了一个叫贾家庄的地方。可是他们没有敢走进百姓家中,依然找了一个土围子歇脚 ,并且让樵夫帮忙购买了一些食物,总算吃了一顿饱饭,当晚继续进发。刚上路不久,就被追来的宋朝骑兵拦住了去路,以盘查为由勒索去了一些银两。一口气走了四十多里,突然又迷路了,又赶上天黑,到处都是稻田,只能鬼打墙似的来回转圈。好不容易转到天明,偏巧又赶上大雾。大雾虽然使人不辨路径,但也起到了保护作用。终于等到云开雾散,却又被一队元人骑兵发现了。文天祥一行赶忙躲到稻田旁边的竹林深处,但为时已晚,元军快马加鞭,已经赶到,当即下马搜索。八人之中,有被箭射中眼睛的,有被刀割去发髻的,有被俘虏的,有藏在枯枝败叶之下被马踩踏的。文天祥躲在乱草丛中,竟然逃过了一劫。

这应该是文天祥一行京口脱险之后最惊险的一次遭遇,最终虽也化险为夷,但几乎个个都已挂彩。好在他们再次碰到了热心肠的樵夫,其中一个见他们行走艰难,还想出了一个主意。他们找来一个大箩筐,系上绳子,让文天祥坐在筐内,由他们轮流抬着。就这样一路行来,终于赶到了高邮西郊。当时的高邮还没有沦陷,宋军的把守依然非常严密。守城的宋军见文天祥一行伤痕累累,衣衫褴褛,知道他们不可能是元军,但是李庭芝有令,要他们捉拿文天祥,多一事不如少一事,他们也不敢让文天祥进城。

文天祥一行再次陷入绝境。

第七讲　重整山河

　　既然高邮也不让进，文天祥一行只好搭乘了一条船，沿城子河直奔泰州（今属江苏）。城子河到处都是元军的尸体，这让他们感到纳闷。船夫便向他们讲述了这些尸体的来历。

　　原来是元军押解着一大批宋朝的使臣和辎重北上路过此地，遭到了稽家庄民兵的迎头狙击；高邮的宋军也来增援，军民合力，歼灭了大量元军。船夫还告诉文天祥，稽家庄的统制官稽耸是个爱国志士，正是在这次狙击战中，奉表卖国的将作监柳岳被他砍杀了。文天祥闻听之后，心有所动，决定上岸看看这位好汉。

　　这稽耸对文天祥仰慕已久，今见文丞相来看望自己，特地设宴款待，并派自己的儿子稽德润护送文天祥直到泰州。文天祥一行在泰州休整之后，马不停蹄，直奔通州。

　　通州守将杨师亮当然也接到过李庭芝的文书，但他同样也接到过元军四处追捕文丞相的谍报，这让杨师亮坚信文丞相没有投降。于是，他出城迎接文天祥，并盛情款待。

　　在通州，跟随文天祥二十多年的老部下金应病故，这让文天祥悲不自胜。

文天祥一面打听二王的消息，一面把自己离开临安之后这一路行来的诗歌编订成册。从临安到通州，他每遇事必以诗记之，至此已经写了百余首。他将这些诗编为三卷——出使敌营，被拘留北关外为一卷；从北关外出发到京口为一卷；从京口逃脱到通州为一卷，并命名为《指南录》，以志一心南向、追随二王的心迹。文天祥一生特别仰慕杜甫，因此在写诗的时候，就有意识地模仿杜甫的诗史风格，以诗记事，以诗存史，多用直陈以赋的笔法，保持零度情感，非常富有特色。

这一路行来，真可谓是"境界危恶，层见错出，非人世所堪"。文天祥把这些都写进了《指南录后序》。在《指南录后序》中，文天祥给自己总结了十八个当死，最终死里逃生。

磁针指南

最终，文天祥打探到了二王的消息：在浙江永嘉江心寺建起了元帅府。这让文天祥喜极而泣，于是辞别通州杨师亮，南向寻王。

逃出生天的文天祥从通州出发，自海道辗转前往永嘉。我们知道，长江从南京以下到入海口这一段古称扬子江。船到扬子江口，文天祥触景生情，写下了他一生中知名度仅次于《过零丁洋》的另一首经典诗篇——《扬子江》：

> 几日随风北海游，回从扬子大江头。臣心一片磁针石，不指南方不肯休。

宋时以扬子江为界，以北的海域叫北海，以南的海域叫南海。从通州至永嘉本可以直接南下,可是因为长江中诸岛屿均被元军占领,所以,想去永嘉得先北上,经北海兜一个大圈才能南下南海,就像在扬州时得先绕道高邮再南下通州一样。所以文天祥才说"几日随风北海游,回从扬子大江头"。诗的前两句是纪实,转危为安来到了扬子江口;后两句就是情感抒发,发誓无论经历多少曲折,百转千回,指南针的指向永远是南方,因为那里是故土、故国、故乡、故人。整首诗明白如话,没有任何典故,不需要任何注释,但意味隽永。后两句成为千古名句,一点都不亚于"人生自古谁无死,留取丹心照汗青",准确而生动地概括了作者在九死一生之后矢志不渝、抗元复宋的决心。而且他自己也非常看重"指南针"这个意象,将诗集命名为《指南录》《指南后录》,可见,"指南针"已经成为文天祥的情结,深深地沉淀在其灵魂深处。

一直到四月初八,文天祥一行才赶到永嘉。

按下文天祥踌躇满志、东山再起的雄心暂且不表,单说惶惶不可终日、和文天祥一样一直在逃亡的宋朝王室。

在宋恭帝降元前夕,太皇太后谢道清接受了文天祥的建议,为赵氏皇族保留了一脉"火种"。她安排益王赵昰(宋恭帝哥哥)出判福州(今属福建)、广王赵昺(宋恭帝弟弟)出判泉州(今属福建)。驸马都尉杨镇、国舅杨亮节,以及陆秀夫等人负责保护他们离京南下。

这注定是一场不寻常的南下。伯颜进驻临安之后,便派范文虎追赶二王。王室这些老弱病残,平时只知道养尊处优,如何能躲得过追兵?眼看逃不掉了。这时,驸马都尉杨镇挺身而出,为缓追兵,只身前往范文虎大营。国舅杨亮节趁机将二王藏匿在附近山中达七天七夜,后来在大臣陆秀夫、苏刘义等的接应下才得以逃到永嘉,进驻到江心寺；同时把那些逃跑的、失散的旧部如陈宜中、张世杰等召来，假托谢太后手诏，奉益王为天下兵马大元帅，广王为副元帅，组成临时的行在班底，继续打起了抗元的大旗。

文天祥追至永嘉的时候，益王、广王已经再次南渡到福州。行在班底征得文天祥的意见，拥立益王为帝，史称宋端宗，改元为景炎，改福州为福安，册封杨淑妃为太后并听政，封陈宜中为左丞相兼枢密使，都督诸路兵马，李庭芝为右丞相，张世杰为枢密副使，陆秀夫为签书枢密院事，苏刘义为殿前指挥使，陈文龙为参知政事，文天祥为观文殿学士、侍读。至此，南宋流亡政府终于比较完整地建立起来。

然而，朝政衰败到如此地步，小朝廷内部依然没有停止权力的争斗。

陈宜中与陆秀夫不和，利用手中的权力将陆秀夫贬到潮州。张世杰忍无可忍，怒斥陈宜中："都什么时候了，还在动不动以御史台弹劾人家？"备受责难的陈宜中只好把陆秀夫召回。张世杰与苏刘义也闹意见。最重要的是文天祥几乎与他们都有政见上的分歧，再加上秉性正直，很难与那些蝇营狗苟之辈相处，以至于朝廷封他为通议大夫、右丞相兼枢密使，他都推辞了。

到达福安之后的文天祥，第一个就指责陈宜中：作为当朝丞相，元军兵临城下，你为什么不与两宫和二王一同出逃？为什么丢掉皇室，独自奔逃？陈宜中当然知道自己理亏，但是再理亏，他也不愿意被人指责。文天祥就这样结怨于陈宜中了。对大将张世杰，文天祥也没有饶过，当面质问张世杰：你的部下还有多少？张世杰如实对答。文天祥便追问道：将军的兵还在，朝廷的兵在哪里？问得张世杰张口结舌，无言以对。于是，文天祥与张世杰也结怨了。

　　两位实权人物都被他得罪了，文天祥还如何能待在朝内，与其共事？于是，他便自己请求返回永嘉，招募兵马。文天祥的这一计划首先遭到陈宜中的反对，显然是出于嫉妒。如果让文天祥永嘉募兵，收复两浙，他这个左丞相的面子该往哪搁？

　　永嘉募兵陈宜中反对，广州募兵陈宜中还是反对。最后，文天祥选择了距离福安比较近的南剑（今福建省南平市），重新开府，招募军马。因为南剑距离福安比较近，而且是福安的门户，总算让陈宜中等人稍稍放心。

南剑开府

　　没有想到的是，此次南剑开府，响应者比赣州起兵勤王的时候还要多，而且还都是"一时名士"。除了死心塌地一路跟随的杜浒、吕武、张汴等旧部之外，此次又有了一些新的著名人物加入，如宋朝宗室赵时赏、文天祥老师曾凤、著名诗人谢翱等。特别是旧部刘沐，听说文天祥南剑开府，当即收拾其被遣散的勤王师赶来与文天祥会合，让文天祥非常感动、感慨，赋诗《呈小村》而记之：

　　　　万里飘零命羽轻，归来喜有故人迎。雷潜九地声元在，月暗千山魄再明。疑是仓公回已死，恍如羊祜说前生。夜阑相对真成梦，清酒浩歌双剑横。

　　刘沐（一作刘洙），字渊伯，号小村，庐陵富川锦溪人，他与文天祥是同乡，还是棋友，文天祥早年曾有"商山弈棋老，赤壁洞箫宾"句相赠，属于第一批入幕府随其起兵勤王者。这首诗完全可以看成一个饱经忧患的战士写给他的亲密战友的，全诗不离抗元斗争这一主旨。首联两句是诗的缘起。诗人逃出元军的魔掌，历经艰险，回到南方，重新树立起抗元斗争的旗帜。战友远道来迎，自然欣喜非常。颔联两句非常形象地描绘了抗元斗争的大好形势：南宋军民的抗元斗争，如雷火在地下运行，终于破地而出，声震九天；抗元斗争的局面，一度如月亮被千山万壑所遮掩，但终于露出了光华，使南宋军民又看到了希望。颈联两句，用了两个典故："仓公"指的是汉代名医淳于意，曾为齐太仓公，世称仓公，相传能够起死回生，此处指自己死里逃生的经历；"羊祜说前生"用的是"羊祜探环"的典故，《搜神记》记载过这个故事，说的是羊祜在五岁的时候让奶妈把他玩的金环拿给他，奶妈说，你哪里有过这个玩意儿？羊祜就让奶妈到邻人李氏东垣桑树林中找，果然发现了金环。李氏非常惊讶地问，这是我死去的儿子丢失的东西，怎么到你手里了？奶妈就把事情的前因后果告诉了李氏，李氏非常悲痛，当时的人都为此感到惊奇。典故在此处的用意是表达一种"恍如隔世"之感。最后一句说的是和老朋友联床夜话也恍然若梦，高兴到一边饮酒，一边长啸、舞剑来助兴，表达的是一种兵合一处、将成一家，期望能够尽忠报国的豪情。

南剑开府之后，文天祥在福建、浙江和江西一带都作了或战或守的军事部署。然而，由于局势的进一步恶化，文天祥的抗元军虽然也打过几次胜仗，但多数都是败北。再加上朝中陈宜中、张世杰等人的畏战，南宋小朝廷只能再次流亡。陆上已无立足之地，只能转移到海上；转移到海上之后，依然不能安心，于是继续南移，直到广东。如此情势，军心怎么可能不涣散？以各种理由投降的不在少数。元军对作为主心骨的文天祥也加紧了劝降、诱降的攻势。

　　先是元将李恒派投降的吴浚劝降文天祥。文天祥果断处死了吴浚，稳定了军心。

　　再是唆都派投降的王积翁的部下罗辉劝降文天祥。文天祥看在唆都昔日不杀的情分上，没有杀掉罗辉，而是致函唆都，表明死节之志。也就是说，他也知道，军事抗争的意义已经不大，之所以坚持抵抗，只因要为气节而战。虽然"势屈力穷"，但只要一息尚存，就要坚持到底。

　　这在功利的实用主义者看来的确没有什么意义，然而，这却彰显出一种光耀千古的理想人格，一旦汇聚成磅礴之势，对于"被压迫民族"而言，便成为一种最为宝贵的不屈的力量，也就是鲁迅先生所说的"民魂"："唯有民魂是值得宝贵的，唯有他发扬起来，中国才有真进步。"（鲁迅《学界的三魂》）

　　景炎元年（1276）三月，文天祥的军队收复了梅州（今属广东）。在梅州，文天祥得以与失散两年的家人团聚。这里有必要简单交代一下其家人：

　　母亲：曾老夫人；妻子：欧阳夫人；二姜：颜氏、黄氏；四女：柳娘、环娘、监娘、奉娘；二子：文道生、文佛生；二弟：文璧、文璋。还有一个书童萧资。

　　文天祥能得到喘息的机会，全靠元朝内部矛盾的激化。忽必烈登基建立元朝之后，内部叛乱此起彼伏。正是趁着忽必烈自顾不暇的时候，文天祥带着军队从广东打回了江西。回到江西的文天祥简直是如鱼得水，如龙入海。

　　之所以由粤入赣，主要是因为这里是文天祥的家乡，被解散的勤王军心有不甘，抗元基础较好，能做到一呼百应，甚至掀起了一次抗元的小高潮，打了几次较大的胜仗。

在兴国(今属江西)站稳脚跟之后,文天祥充分发挥了其军事才能:一路由参谋张汴、监军赵时赏率领主力攻打赣州,一路由安抚副使邹㳽率领赣州诸县的兵力攻打永丰、吉水(今属江西),一路由招谕副使黎贵达率领赣州诸县的兵力进攻泰和;同时还派人向各地的抗元武装传达共同起事的檄文。一时间声威大振、气势如虹,各地豪杰义士呼啸而起,尤其是那些被遣散的勤王军的旧部,莫不云合影从,揭竿而起。在文天祥的家乡吉州,率先响应的就是他的那些亲戚,大妹夫、二妹夫都是全家响应。这样一来,吉州沦陷的八个县收复了五个。围绕着吉州,东西南北,纷纷响应,连连告捷。南面的赣州在同督府主力和当地豪杰的配合下,将所属县城全部收复,使元军占领的赣州成了一座"孤城"。

从五月率领同督府军出兵江西开始,短短三个月的时间就实现了除收复赣州、泰和以外的所有军事目标,打出了"席卷包举之势",甚至堪称"江西大捷"。

要知道,这可是在宋元两军交战几乎一边倒,宋军逢战必败,不断弃城失地,斗志溃如决堤这样的大背景下取得的啊!这说明文天祥的军事谋略和才能不可小觑,虽然他从始至终都是个文官。文天祥到底看过多少兵书战策,史料并无多少记载,但是他对象棋的爱好,正史、野史都有所记载。如邓光荐《文丞相传》说他"平生嗜象棋,以其危险制胜奇绝者命名,自'玉屑金鼎'至'单骑见敌'为四十势图"。这四十势图就蕴含着丰富的作战形式与用谋斗智的精华,与《孙子兵法》、"三十六计"都有着深刻的内在联系。

然而,江西大捷并不能使乾坤扭转。这对南宋来说,与其说是军事上的胜利,倒不如说是精神和气节上的胜利——在绝望中奋起,在黑暗中迸发出一抹光亮。同时也必须看到,江西大捷也和元军内部矛盾激化、兵力北撤有着很大关系。也正因如此,张世杰的部队也打了一些胜仗,使得他把南宋行朝转移到了广州浅湾(今广东省南澳县东南)。

可惜好景不长。江西大捷及其影响之下的整个南方所掀起的抗元浪潮,让远在大都的忽必烈感到震惊。在平定了内乱之后,元军立即开始了大反攻。政治上,特地在江西专设了行中书省;军事上,以塔出为右丞,麦术丁为左丞,李恒、蒲寿庚为参知政事,带领元军对文天祥的同督府军展开了围追堵截。

终于,文天祥被围堵在永丰一个叫空坑的地方。空坑的百姓为了保护文天祥,将其隐藏起来。在四处搜索文天祥不得的时候,元军竟然血洗了空坑。

空坑之战,文天祥和家人再次失散。其一妻二妾、一子二女都成了元军的俘虏。

然而,找不到文天祥元军是不会善罢甘休的。某天黄昏时分,元军拦住了一乘小轿,轿中坐着一位风姿伟然的中年男子。元军质问其姓名,轿中人答曰姓文。元军大喜,以为终于捉住了文天祥,于是把轿中人押解到李恒的指挥所去领赏。李恒亲自审问。由于他没有见过文天祥,再加上他坚称自己姓文,李恒难以判断真伪,便叫来被俘的宋军辨认。很快,俘兵就交代了真相,说这不是文天祥,而是其部下赵时赏。李恒非常恼怒,下令把赵时赏押解到隆兴府处置。

也正是因为赵时赏的李代桃僵,文天祥才得以再次脱身。

逃脱之后的文天祥仍然没有灰心绝望,而是收集残兵,退守至福建汀州(今福建省长汀县),暂作休整,准备再战。在汀州期间,他把母亲和长子道生接来团聚。数月之前的团聚还是十多口人,转眼就只剩下了三人，真真是国破家亡，妻离子散。历史对文天祥来说是残酷的，然而，最残酷的还没有到来。

兵败被俘

文天祥在江西接连败北的同时，小朝廷在广东也好不到哪去。张世杰率领的王师接连失利，行朝被迫退守到珠江口，同时又遭受到台风的袭击，宋朝船队被吹得七零八落，超过四成的宋朝士兵在这次台风中丧命。连端宗也被吹落水中，颠沛流离，连吓带病，不到十岁便死于舟中。陈宜中见大势已去，便借口去占城（今越南河内）为王室寻找最后的退路而再次逃跑，后又从越南逃往泰国，最后死在泰国。其他随行官员也都想步陈宜中后尘，各自走散。然而，陆秀夫坚决不同意："度宗皇帝一子尚在，将焉置之？古人有以一旅一成中兴者，今百官有司皆具，士卒数万，天若未欲绝宋，此岂不可为国邪？"（《宋史·陆秀夫传》）经此一劝，众人便不忍离去了。

端宗死后，陆秀夫代笔写下了读之令人垂泪的《拟景炎皇帝遗诏》。根据遗诏，赵昺被拥立为帝，史称宋帝昺。以陆秀夫为左丞相，张少杰为少傅、枢密副使，二人共同执政，并改元祥兴，是为祥兴元年（1278）。

失利后的文天祥一边鼓舞士气以利再战，一边打探行朝的消息。历经千辛万苦，终于打探到了，文天祥便上书行朝，自劾督师无功，请罪于朝廷。而此时的朝廷却下诏对其大加奖赏，诏书同样出于陆秀夫之手笔：

　　敕（告诫）天祥：才非盘错，不足以别利器；时非板荡，不足以识

忧臣。昔闻斯言，乃见今日。卿早以魁彦，受知穆陵，历事四朝，始
终一节……以匈奴未灭为心，弃家弗顾；当王事靡盬之日，将母承
行。忠孝两全，神明对越。虽成败利钝非能逆睹，而险阻艰难亦既
备尝。如精钢之金，百炼而弥劲；如朝宗之水，万折而必东。

毫无疑问，这些褒扬是非常高的；毫不夸张，这些褒扬对于文天祥
来说也是当之无愧的。文天祥虽为自己请罪，却为部下请功。他再次
上书朝廷，要求朝廷为他那些忠心耿耿、生死相随的部下授予相应的名
位，尽管这些名位已经没有多少实质性意义了。文天祥还有一个要求，
那就是移军入朝，结果却被驳回了。在如此局面下，张世杰所把持的行
朝军政仍不许文天祥加入，这让文天祥非常伤心。

很快，来自朝廷的加封到了，封文天祥为少保、信国公，封其母亲曾
老夫人为齐魏国夫人，并追加黄金三百两劳军。其部属也大都得到了
相应的封赠。行朝的意思已经很清楚了：可以给你加官晋爵，可以给
你金银犒赏三军，但想入朝，没门。你就在外面一心一意打仗吧。

由此可见，人与人之间格局、境界的差距真是太大了，张世杰阻止
文天祥入朝的私心昭然若揭：你文天祥的影响力太大了，一旦入朝，哪
还有我们的位置？再说你那点军队，有和没有都已经无关大局；更何
况，你跟我前面还有那么一点过节。

真是雪上加霜，很快，文天祥军中瘟疫流行。文母没能逃过此劫，
病逝于军中。

丧母之痛尚未平复，失子之悲接踵而至，文天祥的长子道生也病故
了。这接连的打击让文天祥痛不欲生，精神上的巨创让文天祥生了场
大病。

正当文天祥大病初愈，重又排兵布阵，准备东山再起的时候，元朝已经委任张弘范为汉军大元帅，水陆两军齐头并进，杀向广东。

元世祖忽必烈下定决心，要彻底消灭东南沿海的宋朝残余势力。张弘范被任命为元朝大元帅，这在当时看来可以说打破了"汉人不领蒙兵"的大规矩，为此张弘范感动得不得了，诚惶诚恐，连赏赐的锦衣玉带也不敢要，大元帅的头衔就更不敢接受，而且还上书说："汉人还没有统帅蒙古军的，请求还是以您所信任的蒙古人为统帅。"忽必烈却主意已定，就让张弘范做这个元帅。张弘范害怕自己受任大元帅这件事很难使众人心服，仅仅接受了忽必烈赐下的一把尚方宝剑。感动莫名的张弘范以自己的弟弟张弘正为先锋官，并谆谆告诫他说，让你做这个先锋官并不是我的徇私偏爱，而是看重你的骁勇善战，请你千万要记住。就这样，兄弟二人死心塌地地为元朝卖命，一路南进，所向披靡。

文天祥担心的是水军。他认为陆军翻山越岭，不可能那么快赶到。在得到元军大举进攻的消息之后，文天祥一面上书报告，一面移师海上，准备长期抗元。没想到的是，张弘范的部队在降军和熟门熟路的江洋大盗陈懿的带领下，早已来到了文天祥的眼皮子底下。

文天祥行军至五坡岭（在今广东省海丰县），正坐在胡床上准备用餐，突然看到近处山上冒出了许多人，马上问左右那是干什么的，左右告诉他，不过是一些打猎捕鹿的山民。文天祥没有怀疑，因为他料想张弘范的军队不会来得这么快。然而万万没有料到的是，张弘范是抄小路赶来的，大大节约了时间。陈懿作为大盗，是被文天祥镇压过的，对文天祥恨之入骨；当张弘范打来时，他便自告奋勇当了元军的向导，向文天祥直接扑来。很多督府军来不及拿起武器就被缴械了，文天祥再次陷入绝境，赶忙吞服了大量的脑子（冰片）准备自杀殉国，结果却没有死成。

文天祥部下的将士们纷纷效法空坑之战时的赵时赏,都来冒充文天祥,想为文天祥争得逃生的机会。元军当然不会再被愚弄,所以,那些冒充文天祥的将士几乎全被杀害了。

在颠簸的马背上,中毒的文天祥苏醒过来了,发现没有死成,认为可能是毒药还没有起到作用,如果饮用大量的冷水会加强药效,于是就说自己口渴。押解他的元军赶忙扶他下马,他趴在地上,捧起马蹄印里的污泥浊水就喝,喝完之后再次被扶上马。文天祥等待着死亡的到来。

那么,文天祥服了那么多的冰片,怎么还没有死成呢?而且不但没有死,多年的眼疾倒是好了。邓光荐的《文丞相传》揭开了谜底:那些积水当然很脏,导致文天祥喝后很快腹泻。这一腹泻,冰片的毒性也就被消解掉了。

而且,在今天看来,冰片的致死率其实并不高。

在路上,另一伙元军押解着刘子俊,与文天祥交错而过。结果,两伙元军都说自己押解的是文天祥,于是便争执起来。文天祥和刘子俊均遭到盘问。刘子俊一口咬定自己就是文天祥,文天祥当然知道他是想学赵时赏,掩护自己逃脱。他不能让自己的爱将顶替自己去送死,更何况大局已定,自己只有一死才能明节,于是坚称自己才是真正的文天祥。

两伙元军都不认识文天祥,因而无法辨认真假,只好将二人押解到潮阳(今广东省汕头市辖区)张弘正的大营。张弘正也不认识文天祥,两个文天祥却都在对他破口大骂,以求速死。张弘正也不敢对他们怎么样,只好从被俘虏的宋军当中挑选认识文天祥的来辨认真假。很快,结果就出来了。张弘正被骂急了,把可怜的刘子俊投进了油锅。

　　七天之后，文天祥被押解到张弘范大营。文天祥傲然挺立，张弘范要求他行跪拜礼，他拒绝了，并且慷慨激昂地给张弘范讲理："我见伯颜都没有跪拜，只是作揖，何况你呢！我可以死，但不可以拜。"

　　张弘范当然了解文天祥，也不再勉强，允许其以作揖礼相见。

　　有人主张杀掉文天祥，张弘范却说，在皋亭山伯颜见文天祥的时候，我就在旁边，见证过文天祥的骨气和傲气。杀了他正好成全了他的美名，以礼相待却更能见出我的宽宏大量，此君不能杀。

　　这里有必要简单地给大家介绍一下张弘范、张弘正二位元军汉人大将。

　　张弘范，字仲畴，人称张元帅，易州定兴（今属河北）人。元朝初年大将，汝南王张柔第九子。出身于汉人世侯家族。元太祖八年（1213），蒙古军南下中原，金都南迁之时，张柔以地方豪强的身份，聚集乡邻亲族数千余家，结寨自保。元太祖十三年（1218），与蒙古军战于狼牙岭（今河北涞源县西南），兵败被俘，降于蒙古。元太祖二十年（1225），蒙古任命他为行军千户。张柔共有十一个儿子，张弘范行九，张弘正行十。在父兄师友的熏陶下，张弘范成长为一个文武全才的年轻将领。

　　由于从小就深受儒学教育的熏陶，张弘范从政后即躬行孔子的仁学圣训，对占领地多采取怀柔政策；对士大夫也多怀有真诚敬重之心，对文天祥自然也是敬重有加。尽管如此，文天祥与其也没有什么好谈的，只求速死。惺惺相惜，张弘范太了解文天祥了。他没有杀掉文天祥，只是将他囚在船舱之中，还从俘虏中找来文天祥的随从照顾他。

　　那么，张弘范此举到底有什么用呢？

第八讲　万里行役

被俘后的文天祥被张弘范押在船中,从潮阳入海,沿海岸线西行。船过珠江口外的零丁洋,文天祥的心情再也不能平静:伶仃、孤苦;孤苦、伶仃。个人、家国;家国、个人;历史、现实;现实、历史……一股不可遏制的激情激荡于胸中。

此时,张弘范派来的一名李姓副官来到文天祥面前。

李副官:"受张元帅委托,特来求文丞相。"

文天祥:"有话直说,说什么'求'?"

李副官:"帮我们招降张世杰如何?"

文天祥:"吾不能捍父母,乃教人叛父母,可乎?"

南宋的末代小皇帝是陆秀夫、张世杰拥立的。张世杰的亲外甥就在张弘范的大营里,张弘范曾经让他三次劝降自己的舅舅,都告失败。张弘范实在没招了,只好逼迫文天祥劝降张世杰,当然是通过写信的方式。

李副官:"文丞相如果不答应,我可就不好交差了。"

文天祥被逼无奈,回望了一眼烟波浩渺的零丁洋,心潮更加澎湃:"既然如此,那就请拿笔墨来吧。"

李副官一看有门，赶紧回过身来吩咐随从："快，笔墨伺候。"

文天祥提起毛笔蘸足了浓墨，文不加点笔不停书，一首被俘以来一直在酝酿的诗喷薄而出：

> 辛苦遭逢起一经，干戈寥落四周星。山河破碎风飘絮，身世浮沉雨打萍。惶恐滩头说惶恐，零丁洋里叹零丁。人生自古谁无死，留取丹心照汗青。

有必要说明一下，此处所引用的《过零丁洋》，是编入中学语文教材的版本，与《文山先生全集》（《四部丛刊》景明刻本）中的版本是有出入的。《四部丛刊》的版本是：

> 辛苦遭逢起一经，干戈落落四周星。山河破碎风抛絮，身世飘摇雨打萍。惶恐滩头说惶恐，零丁洋里叹零丁。人生自古谁无死，留取丹心照汗青。

张弘范读着李副官转呈过来的文天祥的《过零丁洋》，心情极为复杂，一方面为文天祥的才华叹服，一方面又为文天祥的遭际惋惜，一方面还对文天祥的矢志不渝心生敬意。但是，那又如何。这是战争，各为其主。如果不是战争，说不定二人还能成为很好的朋友。现在是战争，而张弘范又如此为元朝皇帝忽必烈所信任，那就只剩下了一条命令："既然如此，那就打吧。"

当李副官看到张弘范读着文天祥的诗若有所思的时候，赶忙劝告他："敌国的丞相，居心叵测，不可亲近。"张弘范笑着说："他是个忠义至性的男儿,绝不会有其他,我自有主张。"

那么,张弘范将有何主张呢?

崖山海战

在一切计划都落空、一切战役都失败之后,张世杰带领着二十多万南宋军民,千余艘战船,保护着年幼的小皇帝退守到了崖山。崖山其实就是一个方圆仅有几十里的小岛,弹丸之地,位于今广东省新会市南,距离新会约有五十多公里。张世杰以为崖山岛是天险,可以固守。他派人进山伐木凿石,临时搭建起三十间行宫,三千间军舍,坚定了与张弘范决战的信心。漂浮在海上的一座小小的崖山岛哪里见过这么大阵仗,从无人问津瞬间变得人山人海,桅樯如林,战云密布。

张弘范押解着文天祥来到了崖山,一望即知宋军实力依然不可小觑。这位为元军立下过汗马功劳的元帅毕竟是久经沙场,经过一番观察,心下已经明了该如何赢得这场战争。他并没有急于进攻,而是首先派兵占据了出海口,堵住宋军出逃的路径,然后再安营扎寨,遥遥对峙。

所有这一切,张弘范都让文天祥亲临且目睹,这的确未免有些残酷:让文天祥亲眼看着自己为之奋斗的南宋王朝沉入海底。

> 正月十三日,虏舟直造崖山。世杰不守山门,作一字阵以待之。虏入山门,作长蛇阵对之。(文天祥《集杜诗·祥兴第三十四》小序)

张世杰之所以决心与元军决战,是因为担心军队长时间在海上漂泊，坚持不住，有离散之心："连年航行在海上，什么时候是个了局呢？现在应该与敌人决一胜负。"所以才下令烧毁了皇帝临时驻地的集市，将一千多艘大船联结起来，做成水寨，以为死守之计。

这"背水一战"的做法看似决心很大，却犯了战术上的大错误。放弃出海口本身就是错误，再把本可以机动的战船捆绑起来联成水寨就更是错误，只要稍微熟悉赤壁之战曹操失败的原因的人，都知道这是致命的。最关键的是，张世杰曾经在焦山（今江苏省镇江市东北长江中）之战中已经犯过这样的错误了，那么问题来了，张世杰为什么还要重蹈覆辙呢？很简单，格局不够，魅力不够，他怕兵力分散，控制不住局面。稍微比赤壁、焦山进步一些的地方，就是他下令在战船船体上涂抹了厚厚的一层胶泥，来防火烧和炮击；在船壁上悬挂了一些水桶，以便可以随时扑灭烧上战船的大火。让一个将军，在战术上屡犯同一种错误，冥冥之中，也似乎印证着南宋灭亡已成定局。

虽然南宋行朝气数将尽，但从诸多方面而言，元军并不占绝对优势。论形势，元军属于劳师远征，宋军固守一隅、以逸待劳，也未必不能取胜；论人心向背，元军属于强势的侵略，失道寡助，宋军属于弱势的防御，保家卫国，得道多助，因此当时的民心的确是向宋者多。如果张世杰能够趁元军刚到、立足未稳的时候抢抓机遇主动进攻，而不是被动固守、贻误战机，这场海战未必会以那么惨烈的局面收场。

可是，历史容不得假设。

张弘范作了四面包围的严密部署，其最厉害的战术就是占据了宋军主动放弃的出海口，切断了宋军淡水供应的通道。这样一来，宋军坚守到十多天，淡水就没了，只好饮用海水，由此引发腹泻，战斗力大为减弱。当张弘范发动总攻时，宋军就更无还手之力。张弘范志在必得：一举歼灭宋军有生力量，不留后患。

二月初六日早晨，总攻开始了：元军以炮石、火箭作掩护，采用了赤壁之战的火攻之法，以小船载着茅草和膏脂等易燃物品，乘风纵火，直接插入宋舰队主力船。一旦短兵相接，元军之所长便能得到充分的发挥，宋军一触即溃。张世杰虽然冲出重围，非常不幸的是又遇到大风浪，樯倾楫摧，整船整船的人都葬身于大海。

小皇帝赵昺的船在军队中间，陆秀夫见无法突围，看着被残酷的杀戮吓得哇哇大哭的小皇帝，他仰天长啸，做出了一个旷古绝今的悲情决定：他面向只有八岁的小皇帝双膝跪下、叩头，然后，为小皇帝整了整皇冠、龙袍，把他背在肩上，再用素白的绸带将他与自己紧紧地捆绑在一起，回首对小皇帝说："国事至此，陛下当为国死。德祐皇帝辱已甚，陛下不可再辱。"说完，快步走到舷边，纵身一跃，蹈海而死。

随行的臣子与后宫嫔妃亦相继跳海。

一周之后，元军打扫战场，海上漂浮起十多万具尸体。

文天祥目睹着这一切，身如斧劈，心如刀割。虽然并未置身战场，他却早已把自己想象成了战场上的一分子，左冲右突，摇旗呐喊，出生入死。二十万大军在文天祥的眼皮子底下覆亡了，真可谓触目惊心，撕心裂肺。

崖山海战对文天祥的打击是空前的，以至于让他只求速死，几次冲到船舷想跳海，都被看守的元军拦下。他唯一能做的就是坐在舟中，向南恸哭。

崖山海战后，作为王朝的南宋彻底覆亡了。

在元军杀猪宰羊、狂欢庆功的时候，文天祥再也遏制不住连日来的痛苦心情，为大宋王朝写下了生平最长的一首诗《二月六日，海上大战，国事不济。孤臣天祥，坐北舟中，向南恸哭，为之诗曰》，也就是我们在第一讲中所引用的那首长诗。

只求速死的文天祥偏偏死不成。

张弘范非但不让他死，反而高规格地款待他。在广州的庆功宴上，张弘范将文天祥让到最尊贵的位置上，并举杯敬酒，劝他说："国家已经亡了，你的忠孝也算尽了。纵然你杀身成仁，谁还能为你记上一笔不成？千百年后谁还能记得你是谁？"

一听到"亡国"二字，文天祥禁不住潸然泪下："国家亡了，我却没能施以援手。作为国家的臣子，纵然是死，也抵偿不了我的罪过。商朝灭亡了，伯夷、叔齐宁死不食周粟，也是为了自己的一片赤胆忠心，从来没有听说因为国家的灭亡而改变初心的。"

张弘范听后，无言以对。只好把文天祥宁死不屈的情况详细呈报给元朝皇帝忽必烈。

忽必烈接报之后，非常感慨，说了这么一句："谁家无忠臣！"并命令张弘范一定要善待文天祥，一定要将其押往大都。

文天祥在得知将要被押往大都的时候，感到有些意外，不禁感叹道："杀我、判我也就罢了，万里行役却死不得、逃不得，这真是命定的劫数啊！"

狐死首丘

北上的日子越来越近了。

文天祥虽然以诗明志，早已下定了必死的决心，可是元军并不给他机会，这引起了文天祥的朋友们的猜测和不安。其中有两个表现最为突出:一个是二十八岁的年轻人王炎午,一个是五十七岁的老人王幼孙。他们的举动是"生祭"文天祥。尤其是王炎午,出自其手笔的《生祭文丞相文》成了经典名篇。我们知道,人死了,活着的人通常会开个追悼会,写几篇文章,颂扬其功绩;人活着,没有死,就给他写祭文,这不是一般人能干、敢干的,但王炎午却干了,而且还干得惊天动地。

这篇近两千字的《生祭文丞相文》当然不是咒文天祥早死、快死,而是弘扬一种气节,激发和唤醒一种士气。人在最绝望的时候,的确需要一种反其道而行之的方法和手段,来激活濒死的精神和士气;活人可以死,集体可以阵亡,但精、气、神不能死,不能阵亡,得留点火种。《生祭文丞相文》不能只从今天所谓的"道德绑架"的角度来看,而应当作如是观。王炎午把祭文抄写了一百多份,字特别大,张贴在元军押解文天祥所必经的驿站、码头、路口墙壁的醒目之处。他一路寻访,想亲眼见到文天祥,当街生祭。在南昌码头,王炎午张贴了数份祭文之后,专门设置了祭坛,燃上了香烛,烧了纸钱,挡道祭奠。由于元军看守极为严密,王炎午始终没能见到文天祥,但文天祥却看到了王炎午的生祭文,非常感动。到了大都之后,他在狱中写了一篇三百多字的答谢文——《谢王炎午生祭文》,来答谢王炎午对自己的深刻理解和信任。

那么王炎午又是谁呢?

德祐元年(1275),文天祥起兵勤王的时候,王炎午作为文天祥的知己朋友,响应是非常积极的,只是因为父亲去世尚未安葬,母亲病危无人服侍,才没能追随文天祥起兵。而他的心灵却早已追随文天祥左右。文天祥的一举一动他都关注着。文天祥被俘于五坡岭之后,他就一直等待着文天祥英勇就义的消息,却始终没有等到;直到听说文天祥将被押往大都,这才万分激动,慷慨激昂地写下了这篇《生祭文丞相文》。

王炎午没能面祭文天祥,王幼孙却替朋友们完成了这一愿望。在文天祥被押解经过老家庐陵的时候,王幼孙以医生的身份,借为文丞相看病为名,拜谒了文天祥。他掏出事先准备好的祭文,当众诵读了起来。这篇祭文写得情真意切,在场所有与文天祥同时被押解去大都的人都呜咽失声,"莫能仰视"。

故友重逢,分外激动。文天祥更是被祭文燃起了热血,从而更加坚定了其必死的信念。

还在广州的时候,与文天祥患难与共的老部下、老战友杜浒也以被俘之身来为他送行。此时的杜浒已经是身患重病,瘦成了皮包骨头,在与文天祥见面之后不久就去世了。

还有之前已经逃脱的部下徐榛,听说文天祥要被押往大都,特地从惠州(今属广东)赶来,自愿随文天祥北上坐牢。

在来广州向文天祥拜别辞行的人中,还有一个人需要特别说明,那就是文天祥的弟弟文璧。在元军大举进攻广东的时候,文璧已经投降。关于文璧的投降,他自己的解释是为了"尽孝":"明年春,宋祚终焉。璧以宗祀不绝如线,皇皇无所于归,遂以城附粤。"

那么,对于弟弟文璧的降元,文天祥自己是怎么看的呢?

对传统的中国士子们来说,最大的困境就是"忠孝两难"。特别是在战乱频仍的岁月里,这种两难就更见其难。作为传统士大夫,读圣贤书长大的文天祥也被这一难题所困扰。他曾不止一次地在诗文中表达过"能忠不能孝"的遗憾:

　　古来全忠不全孝,世事至此甘滂沱。夫人开国分齐魏,生荣死

哀送天地。悠悠国破与家亡,平生无憾惟此事。二郎已作门户谋,
江南葬母麦满舟。不知何日归兄骨,狐死犹应正首丘。(文天祥
《哭母大祥》)

　　呜呼,人谁不为臣,而我欲尽忠而不得为忠;人谁不为子,而我欲
尽孝而不得为孝。天乎,使我至此极耶!(文天祥《告先太师墓文》)

孝几乎成了文天祥的心病,他为自己不能尽孝而深感有愧;同时,
更为母亲葬于异乡而不能魂归故里而遗憾。然而,他连自己的生死都
做不了主,哪里还能顾及父母。所以他特别希望弟弟能代他完成这一
心愿,而使自己少点遗憾。所以,当弟弟文璧告诉他为了家族的绵延而
不得不选择了投降,文天祥对弟弟是谅解的。在其给儿子文升(其实,
这个文升是其弟弟过继给他的)的家书中则更是比较鲜明地讲到了这
一点:

　　吾以备位将相,义不得不殉国。汝生父与汝叔姑,全身以全宗
祀。惟忠惟孝,各行其志矣。

也就是说,无论从哪个角度讲,文天祥对弟弟的降元都是理解的,
并没有道德绑架到六亲不认的程度。
如果说文天祥选择的是尽忠,文璧选择的是尽孝,那么文璋的选择
则是第三条道路:隐逸。
文璋是与文璧一同降元的,而且还被委任了一定的官职。文天祥
在狱中得知此事之后,便写信与弟弟诀别,并劝他不要做元朝的官。文
璋听从了文天祥的劝告,辞官归隐。

文氏三兄弟的选择让我们想起孔子念念不忘的上古"三仁"："微子去之，箕子为之奴，比干谏而死。"

微子是纣王的同母兄。纣王无道，微子屡谏不听，遂隐居荒野。

箕子是纣王的叔父，也曾多次劝说纣王。纣王不听，箕子披发装疯，被纣王拘囚，降为奴隶。

比干也是纣王的叔父，屡次竭力强谏纣王。纣王大怒，遂将比干剖胸挖心，残忍地杀死。

三个人，三种选择：或隐，或囚，或死，都堪称"仁"，正好对应着文氏三兄弟。按照孔子的仁的标准，文氏三兄弟的选择都可谓是"仁"。

元朝至元十六年（1279）四月二十二日，张弘范委派都尉石嵩和将官囊加歹，专程押送文天祥从广州出发，北上前往大都。从此之后，文天祥便开启了他的万里行役。

随从文天祥北行的人员，加上自愿跟随的徐榛，一共是八人。这里必须提到一个人物，那就是邓光荐。之所以要提到他，是因为他和文天祥的关系非同寻常，以至于到了可以生死相托的地步。

邓光荐，字中甫，号中斋，庐陵人，文天祥的同乡、朋友。他是理宗景定三年（1262）的进士，中进士之后却隐居在家。他的老师左丞相江万里多次要他出来做官，都被他谢绝；文天祥起兵勤王，他却举家参加，后来家中老幼十二口均死于广东香山兵燹。崖山海战时，邓光荐也悲愤投海，但两次都被元军救起。张弘范也多次对其劝降，都被拒绝。无奈之下，张弘范将其和文天祥一同押送大都。在经过建康时，邓因病重被留了下来。文天祥就义后，邓光荐不忘友人的重托，怀着极其悲痛而又崇敬的心情，撰写了《文信国公墓志铭》《信国公像赞》《文丞相传》《文丞相督府忠义传》，以及《挽文丞相》《挽文信公》等关于文天祥的传记、诗文。没有邓光荐的史笔,文天祥英勇抗元的形象将会有所失色。

一路上有邓光荐这样的老友做伴,对文天祥来说,万里行役不再为苦。文天祥曾对文璧说"自广达建康,日与中甫邓先生居,具知吾心事。吾铭当以属之",等于说为自己指定了撰写墓志铭的人,足见二人关系之非同寻常。

从广州出发,开始走的是陆路。文天祥与邓光荐诗词唱和,的确消除了长途的寂寞。五月四日走出了梅岭,也就走出了广东地界,进入江西地界。江西是文天祥的老家,一脚跨入故乡的土地,文天祥不能不感慨万千。既然此行决计要死,那么如何死、死在什么地方,对文天祥来说不能不考虑。多少天来,文天祥心中始终萦绕的是"狐死首丘"这个成语,始终怀想的是伯夷、叔齐不食周粟的故事。

狐死首丘源于一个动物界的传说。狐狸如果死在外面,一定会把头朝着它的洞穴。由此常常被人用来比喻不忘本或怀念故乡,自然也是对故国、故乡的思念,后来被儒家经典《礼记》推崇为"仁"的象征,得到中国文人的强烈共鸣,被反复引用。

出梅岭至江西,文天祥估摸着到自己老家庐陵应该得走七八天,死也要死在自己的故乡,埋骨桑梓,了却残生。常识告诉我们,一个人如果七八天不进食就会饿死。于是,从踏入江西地界开始,文天祥决定开始绝食。绝食之前,文天祥做好了一切准备,写好了《告先太师墓文》,委派随从孙礼先行赶往庐陵,在其父亲文仪墓前诵读、焚化,并相约在吉州城下复命。

这引起了押解文天祥的石嵩和囊加歹的高度警觉:他们也想到了,庐陵是文天祥的老家,文天祥在这里出生、长大、读书、科举、起兵勤王。文天祥的部下多为江西人,一旦有风吹草动,局面恐怕不堪收拾。

于是他们决定把文天祥锁在船舱，封闭船篷，封锁消息，改陆路为水路，沿赣江而下。由于当时是夏季，雨水丰沛，水速快，五月二十八日到了赣州，六月一日就到了吉州，比文天祥预计的六月二日早了一天。文天祥绝食已经是第五天，期望着能在吉州见到先到的孙礼。可是当他发现孙礼时，孙礼却在另一条船上，也就是说，石嵩和囊加歹根本没让孙礼下船。

船过吉州，文天祥已经绝食八天了，依然没有死，这当然与押解者对其强行灌食有一定关系。看来这"狐死首丘"、以死全节的计划要泡汤了。既然故乡已过，埋骨桑梓的意义也就落空了，文天祥索性不再绝食。更为重要的是，还有几站就到建康了，这使文天祥又萌生出京口脱险的幻想。不过，这样的事情不大可能再有第二次了，因为情势完全两样。京口脱险的时候文天祥是一行十多人，分工合作，勠力同心，虽然也有中途受不了掉队的、逃跑的，但毕竟，那时候还能看到希望；而今却是死的死，亡的亡，环顾左右，随从者只剩下了刘荣一人，自愿跟随他的徐榛也病死在路上了。文天祥不禁悲从中来。不过，让文天祥稍感欣慰的是，像接力赛一样，故乡的老友张弘毅接过了徐榛的接力棒，自愿跟随他北上。

张弘毅的故事后面还要专门讲述，这里暂且按下不表。循着文天祥北上的步履，我们可以看出这位末代宰相到底有着怎样的人格魅力。

山河已非

船到隆兴，不知道是谁走漏了风声，文天祥要经过的消息传开了，立马引起了强烈的轰动。随行的邓光荐记录下了这一场景："观者如堵,北人有骇其英毅者,曰:'诸葛军师也!'"文天祥原本就仪表堂堂,玉树临风,这下再次证实了其气度非凡。文天祥一生的高光时刻,到现在为止已经出现了三次:第一次是在中状元那一刻;第二次是在京口脱险进入真州的那一刻;第三次就是现在这一刻,又一次印证了文天祥作为南宋末代擎天柱的深远影响力,当然也让文天祥激动得泪流满面,悲不自胜,记之以诗:

半生几度此登临,流落而今雪满簪。南浦不知春已晚,西山但觉日初阴。谁怜龟鹤千年语,空负鹏鹍万里心。无限故人帘雨外,夜深如有广陵音。(文天祥《隆兴府》)

离开隆兴,很快就到了鄱阳湖。出了湖口,就是长江;顺江而下,即可直达建康。这一路要经过安庆(今属安徽)、鲁港(今安徽省芜湖市弋江区)、采石(今安徽省马鞍山市西南)等地,都曾经是宋金、宋元鏖战的场地。无论是范文虎的拱手相让,还是贾似道的求和称臣,都不能不让有着强烈担当意识的文天祥心潮难平:大宋王朝为什么屡战屡败? 也许,个人的局限性、时代的局限性让文天祥至死也想不明白,只好用诗的抒情来替代理的思索:

风雨宜城路,重来白发新。长江还有险,中国自无人。枭獍蕃遗育,鲸鲵蛰怒鳞。泊船休上岸,不忍见遗民。(文天祥《安庆府》)

建康到了。文天祥被押解着登岸。建康毕竟是建康,虎踞龙盘,多少王朝在此兴兴亡亡,大宋朝自然也不例外。南渡的宋高宗赵构,当时还叫康王，就是在这里建起行宫，继续与金人对峙的；而且后来还曾三次驾临建康。身在局中、感同身受的文天祥，感慨与后来单纯前来怀古伤今的诗人完全不同，其《金陵驿》读来极为悲怆：

　　草合离宫转夕晖，孤云飘泊复何依？山河风景元无异，城郭人民半已非。满地芦花和我老，旧家燕子傍谁飞？从今别却江南路，化作啼鹃带血归。

　　万里金瓯失壮图，衮衣颠倒落泥涂。空流杜宇声中血，半脱骊龙颔下须。老去秋风吹我恶，梦回寒月照人孤。千年成败俱尘土，消得人间说丈夫。（文天祥《金陵驿》二首）

刚到建康的第二天，邓光荐就病倒了。

漫漫长途，幸有邓光荐的相伴。看着老友瘦骨嶙峋的病体，文天祥建议邓光荐将这一路的唱和编订成集，目的是"为后之览者，因诗以见吾二人之志，其必有感于斯"。邓光荐欣然同意，诗集就取名为《东海集》。文天祥在诗集的序言中阐明了这个题名的深刻含义："《东海集》者，友人客海南以来诗也。海南诗而曰《东海集》者何？鲁仲连，天下士，友人之志也。"那么鲁仲连又是何许人也？他是战国时代的齐国布衣，口才超群，谈锋机警，特别能言善辩，提出了许多奇特宏伟、卓异不凡的谋略，却不肯做官。面对虎狼之秦，六国皆恐。有人甚至提出尊秦为帝，以求止战。鲁仲连坚决反对，游说诸国，表示宁愿蹈海而死也不帝秦，表现出一种"位卑未敢忘忧国"的情怀。

那么，将邓光荐的诗集命名为《东海集》的意思也就非同寻常了。鲁仲连岂止是邓光荐的偶像，秦汉以来，鲁仲连的"粉丝"代不乏人，史不绝书,表达对鲁仲连的仰慕的诗完全可以编成集子了。生在天崩地解时代的邓光荐和文天祥自然也不例外。万难之际,北上之途,多少个时日,鲁仲连一定是二人联床夜话的主题之一。

值得一提的是,文天祥驻留建康的时候,当地的义士的确策划过营救的行动,甚至也和文天祥取得过联系;然而,元军接受了京口的教训,对文天祥看管得格外严密。在离开建康奔赴扬州的途中,张弘范加派了护卫,"夹舟"而行,营救计划无法实施。

邓光荐因病滞留建康,文天祥还要继续被驱北行。接下来的京口、扬州、真州、高邮这些地方,都曾经是文天祥九死一生的逃难之地。特别是在其先被迎、后被逐,彷徨无地的真州,文天祥感慨更深。现在真州已经陷落,苗再成已经牺牲,转眼间山河易主,任谁都难以平静。所以他写下了《真州驿》:

> 山川如识我,故旧更无人。俯仰干戈迹,往来车马尘。英雄遗算晚,天地暗愁新。北首燕山路,凄凉夜向晨。

淮安(今属江苏)到了,再往前就是淮水,而淮水之于南宋有着相当深刻的影响,甚至可以称得上一种屈辱。

1141年,南宋与金签署了绍兴和议。金提出的条件之一就是干掉岳飞。绍兴和议虽然结束了长达十多年的宋金战争,换来了二十年的和平,但宋与金却不再平等。自此之后,淮水就成了南宋的边境,越过淮水,就等于踏入了异国他乡,这让文天祥陷入了极大的痛苦之中,《过淮河宿阚石有感》就是这种感情的抒发:

北征垂半年，依依只南土。今晨渡淮河，始觉非故宇。江乡已无家，三年一羁旅。龙翔在何方，乃我妻子所。昔也无奈何，忽以置念虑。今行日已近，使我泪如雨。我为纲常谋，有身不得顾。妻兮莫望夫，子兮莫望父。天长与地久，此恨极千古。来生业缘在，骨肉当如故。

徐州（今属江苏）、平原（今山东省德州市）、河间（今属河北），所到之处，文天祥都有诗为记。这些诗的主题大都是咏史怀古，对那些能够彰显出气节的人和事，文天祥都寄予了崇高的敬意，是缅怀，更是自勉、自励——他要为自己的殉道寻找道义的支撑。还有一组诗特别重要，那就是他模仿杜甫的《同谷七歌》而写的六首怀念妻妾儿女的诗，统称为《六歌》，又名《乱离歌六首》。

十月初，他们到达了大都，历时将近半年。文天祥终于结束了这万里行役，然而，更大的考验还在后面。

第九讲　宁死不屈

　　到达大都之后,石嵩和囊加歹先是把文天祥押解到会同馆,结果被拒绝,理由是这里只关押投降的宋朝官员,不关押因犯。石嵩和囊加歹与看守交涉了好长时间,他们才勉强答应收留文天祥,将其安置在一个小旅馆的偏房之内。

　　第一天,旅馆侍者对文天祥爱答不理甩冷脸;第二天,侍者突然来了个大变脸,又是张罗换上等房间,又是置办美味佳肴,嘘寒问暖,将文天祥当上宾招待。文天祥问侍者缘何前倨后恭,侍者解释说,是丞相孛罗吩咐的。文天祥立马心中有底了,他意识到这一冷一热之后将有更大的暴风雨。于是,他拒绝食用元人提供的美味佳肴,只吃张弘毅送来的饭食;拒绝调换上等的房间,执意住在偏房之内;拒绝换上元朝的装束,坚持身着南宋衣冠,面向南方,坐等天亮。

　　那么,接下来,元朝统治者会如何对待文天祥呢?

轮番劝降

　　果然不出文天祥所料,这第一招还是劝降。

　　第一个出场的是留梦炎。我们前面讲过，这留梦炎也是宋朝的状元，是德祐皇帝的左丞相，在宋朝危难之时失节保命，降元、仕元，并帮助元朝统治者招降了一批宋臣，对新建立的大元帝国来说，算得上有"功"之臣。因此，在元朝他也做到了丞相的位置，堪称是"两朝丞相"。可是，无论是元代官修《宋史》，还是明初编订的《元史》，都没有留梦炎的传记。曾有浙江士人说："两浙有梦炎，两浙之羞也。"据明代来集之《倘湖樵书》记载，到了明代，凡是浙江留姓人家参加科考，都要写下保证书，声明自己"并非留梦炎子孙"，方允许进入考场。清代沿用了明代的做法。足见其为人和影响。

　　留梦炎上场了，还没等他张口，文天祥就开骂了："奸臣、卖国贼、走狗、小人……"文天祥的怒火是有来由的。当年他入卫勤王，留梦炎勾结陈宜中和黄万石横加阻拦；即使到了临安之后，文天祥依然被留梦炎逐出京师，去守平江。面对这样一个标准的投降派，文天祥哪里还能压得住火。低眉顺眼、面目猥琐的留梦炎在文天祥的大义凛然面前当然不堪一击，张口结舌，无力辩白，只好灰溜溜地败下阵来。

　　单纯的口舌之骂，文天祥还嫌不过瘾，还专门写了诗来唾骂那些关键时刻只图自保、弃国不顾的奸臣：

　　　　悠悠成败百年中，笑看柯山局未终。金马胜游成旧雨，铜驼遗恨付西风。黑头尔自夸江总，冷齿人能说褚公。龙首黄扉真一梦，梦回何面见江东。（文天祥《为或人赋》）

　　诗中所提到的两个人物——江总和褚公（褚渊），都是南北朝时期的人物，他们"有奶便是娘"，是真正的毫无气节可言的斯文败类。该诗借对历史人物的讽刺,来唾骂留梦炎的叛宋降元、认贼作父的无耻行径。

第二个登场的人年龄虽小,却是个特别具有杀伤力的厉害角色,那就是已经投降了的宋恭帝赵㬎。德祐二年(1276),赵㬎和全太后被押往上都(今内蒙古自治区锡林郭勒盟正蓝旗上都镇),觐见忽必烈,被削去帝号,封为瀛国公。让赵㬎去劝降文天祥,不能不说,这一招还是比较阴险的:你文天祥不是以忠臣自居吗? 喏,你忠心的对象,你的主子来看你了,看你还有什么好说的。

赵㬎虽然是帝王,但是毕竟只有九岁,还是个孩子,能懂什么,不过被当作木偶、棋子罢了。文天祥一见昔日幼主,立马明白了这一切,不等赵㬎开口,赶忙请赵㬎面南背北上座,然后行君臣大礼,并痛哭着劝告赵㬎:"圣驾请回,圣驾请回!"懵懵懂懂的赵㬎被文天祥跪拜得不知所措,更无言以对,只好悻悻而归。

让德祐皇帝出场,对文天祥来说还是最大的讽刺和打击,是最有可能让文天祥动摇的。这便是孛罗的阴险之处。连你的主子皇帝都投降了,你还忠于谁? 你如果真的是忠臣,就应该和皇帝保持一致,选择投降才对。这就是传统士大夫忠君思想的内在悖论。好在文天祥并非愚忠,关于忠君思想,文天祥自有其独特的理解,因为下面还要说到,暂且按下不表。

第三位登场的人物有一定的分量,是蒙古大军西征的时候从花剌子模投降过来的阿合马。此人是个理财能手,现已做到了元朝财政大臣的位置上,权倾朝野,炙手可热,见文天祥的时候带着一大堆随从卫士,高高端坐在大堂之上。他要求文天祥上堂回话,但又不是审讯,只是发威。

文天祥昂首挺胸来到堂下,对阿合马只是礼节性地作了一个揖,便面对面地坐下了。

阿合马气势汹汹地问："你知道我是谁吗?"

文天祥慢条斯理地答："听人说是个宰相。"

"既然知道我是宰相,为什么不跪?"

"南朝宰相见北朝宰相怎么能跪?"

"既然是南朝宰相,那么为什么到这里来了呢?"

"南朝如果早日用我做宰相,北方人就到不了南方,南方人也不会到这里来。"

"你这南朝宰相不也被俘虏了吗?"

"你这北朝宰相不也是从花剌子模投降来的吗?"

这一下子可戳到了阿合马的痛处,他立马咆哮起来："你的死活还不是由我说了算?"

文天祥当然不是吓大的,立马以牙还牙："我们宋朝亡了,要杀便杀,说什么由你不由你!"

这阿合马原想着能够凭着自己凌人的盛气,给文天祥来个下马威,一举将文天祥镇住,没想到却被文天祥一番有礼有节、不卑不亢、张弛有度的话语给顶了回去,连劝降的话都还没来得及张口,就败下阵来,只好气急败坏地尴尬走人。

显然,劝降这一关元朝统治者是失败了,既然软的不行,那就只好来硬的了。

法庭审判

文天祥从会同馆被押向了土牢,开始了身穿囚衣、披枷戴锁的真正的囚徒生涯。他随身携带的银钱、衣物全部被收缴,张弘毅送来的饭菜也被阻挡在外。元朝统治者让文天祥在土牢中自己生火做饭,每天的伙食费限为一钱五分。文天祥用十七首诗记载下了狱中生活,这里只引用个别诗中的个别句子,以此来窥见文天祥在囚禁岁月中所遭受到的肉体折磨:

生前已见夜叉面,死去只因菩萨心。

地狱何须问,人间见夜叉。

身生豫让癞,背发范增疽。

这豫让是春秋战国时期晋国人,初是范氏家臣,后又给中行氏做家臣,都默默无闻。直到他做了晋国正卿智伯瑶家臣以后才受到重用,而且智伯很尊重他,主臣关系非常密切。晋哀公四年(前453),智伯被韩、赵、魏三家攻灭,受封的领土也被三家瓜分。逃到山里的豫让,发誓要为智伯报仇。为此,他不惜把漆涂在身上,使皮肤溃烂,如生癞疮;又吞下炭火,使自己声音嘶哑;剃掉了自己的胡子和眉毛,以至于乔装之后,沿街讨饭,连妻子都认不出他来了。在摸准了赵襄子行动的时间和路线之后,豫让提前一天埋伏于赤桥下。赵襄子过桥的时候,马突然受惊,他猜到是有人行刺,让手下人去打探,果然不差。豫让被捕。赵襄子责问豫让:"您不是曾经侍奉过范氏、中行氏吗?智伯把他们都消灭了,而您不替他们报仇,反而托身为智伯的家臣。智伯已经死了,您为什么单单如此急切地为他报仇呢?"豫让答:"臣事范氏、中行氏,范氏、中行氏众人遇我,我故众人报之;至于智伯,国士遇我,我故国士报之。"这就是"士为知己者死"的出处,也是"国士终期国士酬"的出处。文天祥用豫让的典故,一是说自己因监狱环境恶劣,全身长满了癞疮;更为重要的是表明了自己甘把牢底坐穿的根本原因：身为大宋的国士，岂能与宵小辈同。

范增大家应该比较熟悉，他是项羽的谋士。可惜的是，项羽刚愎自用，连这么唯一的一个谋士也不信任，在陈平离间计的促使下，放逐了范增，范增闻知项羽在怀疑自己，就生气地说："天下的大事基本定局了，君王自己干吧！我请求辞职，告老还乡！"在回乡的路上，他越想越生气，还没有到达彭城（今江苏省徐州市），就因背上毒疮发作而死。文天祥用范增的典故，同样表明狱中生涯的艰苦，不过，范增刚好与豫让相反，是"士为不知己者所疑"的典型。

显然，肉体折磨这一招对文天祥来说也是无效的，艰苦的环境越发磨炼出其坚强的意志。那么，还有招吗？当然有，那就是审判，从法理上击垮他的意志。

文天祥从土牢被押解到枢密院进行庭审。庭审就庭审吧，消息放出去了，却迟迟不让其走进审判庭，更见不到审判官。饱读诗书的文天祥当然知道这是元朝官员在故意冷落他，打的就是心理战。你不来我不往，你不问我不答。鬼蜮伎俩，何足道哉！文天祥有的是耐心。

审判的日子终于到了。

枢密院的大堂上，高高端坐在正中间的是元朝丞相孛罗，陪审员是张弘范。左右坐满了元朝的大小审判员——院判、签院者，一个一个正襟危坐，面目庄严；更不要说那些列队站立的兵士们，一个一个手握刀枪，杀气腾腾。

土牢的恶劣环境把文天祥折磨到大病一场，走上枢密院的大堂时，已是瘦骨嶙峋，形销骨立，但仍然不卑不亢，傲然挺立，只是冲着坐在正中间的孛罗作了一个揖，便不再说话。站在两边的兵士们齐声喝道：

"跪——"试图通过声势吓倒文天祥。

文天祥却通过翻译说："南方人行南方礼，不能跪。"

孛罗终于不再伪装，勃然大怒，喝令左右动手。兵士立马把文天祥牵颈拿手，按足倚背，强迫他做跪下的动作，文天祥却索性席地而坐，就是不跪。

孛罗发话了："你还有什么话要说？"

文天祥也毫不客气，义正词严地答道："天下事，有兴有废，自古帝王将相，灭亡诛戮，何代无之？我忠于我的大宋，大宋既亡，我只求速死。"

孛罗似乎来了兴致："既然有兴有废，那么从盘古到今天，有过多少位帝王，你给我一一数来。"其用心是非常明显的，一是考考文天祥，盛名之下，其实是否相副；二是给文天祥挖坑，诱使其数到忽必烈，不自觉地承认大元王朝的正统性。

文天祥显然是识破了其险恶用心："一部十七史，从何说起？我今天并非赴博学鸿词科的考试，没有时间跟你说这些闲话。"

这的确让孛罗有些扫兴。接下来，他想揭文天祥的丑，在道义上打败文天祥："你既然熟读圣贤之书，那么在煌煌史册上，有没有人臣把宗庙、城池、土地拱手送人，自己却逃掉的？"

文天祥知道这是孛罗在羞辱他出使元营被扣，然后京口逃脱的事，便驳斥道："凡是把城池、土地送给别人的当然是卖国，卖国者有利可图，何必逃脱？既然逃走，就不是卖国。"

不等孛罗插话，文天祥干脆直面问题，娓娓道来："我的确曾经奉旨出使伯颜军中，但丞相的任命我并没有接受，却被你们无理扣押；我大宋亡国，我本想殉节，之所以没死，是因为国尚有二王在浙东，家尚有老母在广东。"

孛罗终于找到了切口："难道德祐嗣君不是你的皇帝吗？"

文天祥从容作答："当然是我的皇帝。"

孛罗以为终于抓到了文天祥的漏洞："抛弃你的嗣君，而别立二王，如何能算忠臣？"

文天祥依然不紧不慢、胸有成竹地回答："德祐皇帝不幸被捕，此时君为轻，社稷为重，所以别立新君。为了宗庙社稷着想，哪能不算忠臣？再说了，本朝跟随徽、钦二帝到金国的不能算忠臣，而跟随高宗南下的才算忠臣。"

文天祥搬出了孟子的言论，把孛罗驳斥得瞠目结舌，理屈词穷，陪审的张弘范也不得不佩服文天祥的博学和思辨力，暗自欣赏。

君在臣在，君亡臣亡，君降臣降，是儒家尤其是宋朝理学家所标榜的万世不易的定理。文天祥化学来新，把孟子的话用在了赵宋王朝当权者投降这件事上，一举三得，既批判了当权派的投降，又反驳了对方，还为自己的"忠"进行了辩护。

所谓"忠"，"忠"的是"国家"，忠的是"社稷"，不是哪个具体的"皇帝"，"皇帝"与"国家"根本就不是一回事。

首先，"皇帝"自己必须忠于自己的"国家"，凡"皇帝"不忠于"国"者皆可抛弃，而且应当抛弃，另择爱国者、忠于国者代替之。凡称得起"忠"字的，在本质上都是忠于国，但在现象上既可以表现为"忠于君"，也可以表现为"叛于君"，标准是"君自身是否忠于自己的祖国"。"忠"字在儒家的字典里都是"下对上"的要求，在文天祥之前好像还没有哪一个士子提起过君也有一个"忠与不忠"的问题，更不用说认为"君没有权利独立于忠字的范围之外"。而所谓"篡"也是如此，处于救国救民的大前提之下，人民要拥立某人为君有何不可？因为，"国家绝不是一家一姓一集团之私产"。

真有些石破天惊的意味！文天祥凭着他坚定的信念、宏博的学识和对故国的一腔深情,对"忠""孝""节""义"等这些传统的伦理道德规范作了全新的革命性的阐释。这也正是相比于他的先辈岳飞等人,他的进步之处、深刻之处、独到之处和伟大之处。

人是因为拥有了思想才伟大、崇高、有尊严的,而绝不是因为头上的皇冠和手中的权杖。

"忠君"也好,"爱国"也好,文天祥都把它们统一于自己的信念,因此,与其说文天祥"忠君""爱国",不如说文天祥忠于自己"头上灿烂的星空和心中神圣的道德律令",忠于自己至高无上的信念。就像那枚小小的磁针,它的目标永远是南方,除非你把它毁伤。至于这"信念"所承载的内容已退居其次。

对文天祥这枚带血的磁针而言,信念,是一面不倒的旗！

此时,一名院判想为孛罗解围,抢白道:"高宗上位是有来历的,二王上位又是谁授命？"

陪审的张弘范似乎也被提醒了,赶忙插话说:"二王是逃走的人,立得名不正言不顺,应该是篡位。"

文天祥冷笑着驳斥道:"景炎皇帝是度宗的长子,是德祐皇帝的亲哥,如何名不正,怎么是篡位？陈丞相带着二王出宫,奉的是谢太皇太后的懿旨,又怎么能说是无所授命？"

附和者还想强词夺理,被文天祥打断了:"天与之,人与之,虽然无传授之命,只要天时人事俱备,推戴拥立,有何不可？"

文天祥侃侃而谈的辩护似乎让孛罗抓住了一些破绽:"你既然为丞相,那么追随三宫才算是忠臣;不然的话,率兵出城,与伯颜丞相决一死战,也算是忠臣。而你呢? 忠在哪里?"

话音刚落,即被文天祥反驳了回去:"你这话应该去责备陈宜中丞相,赖不到我的头上,因为我当时不在其位,不曾当国。"

文天祥的辩护实在天衣无缝、无懈可击,然而孛罗仍不死心:"你虽然立了二王,又有什么功劳?"

文天祥说:"国家不幸亡国,我立君上,是为了存社稷,保宗庙,能存一日,就尽一日做臣子的责任,哪里还有什么功劳可表呢?"

孛罗继续追问:"明知做不到,为什么还要去做?"

文天祥有些恼火:"人臣事君,就像儿子对待父亲。父亲不幸患病,你明知救不了,岂有不治的道理? 再说,我心已尽,朝廷不可救,这是天命! 我文天祥时至今日,只有一死而已,请您不必再说。"

孛罗见文天祥不耐烦了,也被激怒了:"你想死? 我偏不让你痛快死,我就是要监禁你。"

文天祥轻蔑地回应道:"我为道义而死,禁锢又能奈我何呢?"

孛罗怒火中烧,用蒙古语骂骂咧咧了好一阵子,翻译也没敢再翻译。

文天祥当然知道这是在骂他,也立马骂了回去。当然,翻译就更不敢翻译了。

劝降关过了,折磨关过了,审判关过了,元朝对文天祥还能有什么招数呢?

有的,更残酷的招数来了,那就是——

亲情软肋

一天,狱卒突然叫醒正在熟睡的文天祥,说是有家书一封。文天祥一头雾水,这大都除了几个亲近的朋友之外,哪里还有亲人? 没有亲人,哪里还能有家书?

接过牢头递来的信函,文天祥急忙展信便览,一边读,一边流泪。原来,信是失散多年的女儿柳娘写来的。从信中得知,空坑失散之后,妻子欧阳氏和两个女儿都被劫持到了大都,现在在东宫为奴。看着女儿的来信,文天祥当然明白:如果投降,妻子儿女立马就能被释放;如果宁死不屈,妻子儿女的下场就可想而知了。文天祥无法安慰女儿,只在《得儿女消息》一诗中表达过这样的感情:

> 故国斜阳草自春,争元作相总成尘。孔明已负金刀志,元亮犹怜典午身。肮脏到头方是汉,娉婷更欲向何人。痴儿莫问今生计,还种来生未了因。

这首诗好解之处在于首联和尾联,难解之处在于颔联和颈联。首联的意思非常明显:我南宋王朝虽然是斜阳衰草,然而一旦春天来临,那一定会春风吹又生的。至于当初的那些所谓的夺状元、做宰相的事,都不值一提。尾联的意思也很明白:孩子啊,你不要再问今生今世我如何打算了,我们父女的缘分今生已尽,来生我们还是做父女。至于颔联,如果明白了两个人,也就明白了其大意。这两个人是诸葛亮和陶渊明。诸葛亮"出师未捷身先死",象征着英雄壮志未酬;陶渊明"不为五斗米折腰",象征着知识分子脊梁铁硬、不辱其志,宁愿做东晋的遗民,不做刘宋的权臣。而颈联可能更为费解,因为诗中的"肮脏"不是今日之"肮脏",而是指高亢刚直的样子;"娉婷"则是"轻巧美好貌"。合起来的意思就是只有自始至终、一心一意、坚持到底、矢志不渝的人才配称作男子汉，美貌的女子怎能随便嫁人？

文天祥这首诗是写给女儿的，也是写来勉励自己的，更是写给千千万万焦虑不安、彷徨迷惘的大宋遗民的。

后来，南宋遗民郑思肖在《文丞相叙》中还记载过一件事：元朝让已经投降的文璧去狱中看望文天祥，并给文天祥留下四百贯元币，被文天祥拒绝了，"此逆物也，我不受"。文璧到底有没有探过监，再没有其他证据，但文天祥的确留下了《闻季万至》这首诗，季万就是文璧的字：

> 去年别我旋出岭，今年汝来亦至燕。弟兄一囚一乘马，同父同母不同天。可怜骨肉相聚散，人间不满五十年。三仁生死各有意，悠悠白日横苍烟。

看来，亲情软肋这张牌也失效了，文天祥坚如磐石，元朝上下一筹莫展。

正气凛然

很快，冬至节到了。按照蒙古人的习俗，冬至节停止用刑和杀戮。文天祥估计，冬至节一过，自己的死期就要到了，他要为自己的就义做好准备。出乎预料的是，一直到除夕，都没有什么动静，这让文天祥感到有些奇怪。

就是在这段漫长的等待里，发生过一件被后人严重误解的事情。

王积翁等降元的南宋大臣想为文天祥做些事情，他们希望元朝能释放文天祥，但得找个能够说得过去的理由。他们想到，可以让文天祥出狱之后出家做道士,于是委托了一个叫灵阳子的道人到狱中为文天祥布道。

这一招对文天祥还真起到了一定的作用。因为文天祥从小就受到外祖父曾珏的影响,喜欢谈佛论道,从其为自己的两个儿子命名为"佛生""道生",就可以看出其对佛道的倾心。此次灵阳子的布道的确拨动了他的归隐之心、出家之想。特别是年轻时,他因为厌恶官场的污浊而在故乡隐居过五年,那里有他的文山;而且,他还给自己起过一个"浮休道人"的道号;源于《庄子》"其生若浮,其死若休"。庄子的生死观、物化观深刻地影响过他。

从其赠给灵阳子的诗中,也可以看到这一段布道的确对其产生了一定的影响:

> 昔我爱泉石,长揖离公卿。结屋青山下,咫尺蓬与瀛。偶逢大吕翁,如有宿世盟。相从语寥廓,俯仰万念轻。指点虚无间,引我归员明。(文天祥《遇灵阳子谈道赠以诗》)

然而,对于文天祥而言,佛道思想只是影响,理学思想才是根深蒂固,特别是源自《易经》的"自强不息"精神,贯串着他的一生。这也是他遭受到如此多的人生困厄之后,仍然能够傲然挺立的原因。其实,每个人的思想都不可能是纯净到不含渣滓的清一色,都是各种思想的混合物,但终归有一种思想是起主导作用的。

如果说王积翁用迂回的方式,想让文天祥作一些妥协和让步,从而保全生命换得一定的自由,是基于对文天祥的深刻理解,那么留梦炎对文天祥的理解可能更为深刻,他看到了其中的"危险":如果放文天祥南归，无异于放虎归山。于是便上书忽必烈，痛陈不能放还文天祥的理由："天祥出，复号召江南，置吾十人于何地？"

也正是由于这一段插曲，才给人留下了"文天祥晚节不保"的口实。

牢中岁月长。在闯过了一道又一道难关之后，文天祥原以为元人的耐心会渐渐消磨殆尽，很快就会有结果。没想到的是，眼看狱中第二个新年即将到来，元人依然没有动静；春天过去了，依然没有什么动静。

文天祥的长妹获释，准备与文璧一起南归故乡。文天祥闻讯之后，剪下了一缕头发托人寄给家人，所表达的意思就是永别。

夏天来临，雨季将至。文天祥的牢房十分低洼，1281年五月十七日夜的那一场暴雨使得牢房立马成了沼泽地。雨水没过了床铺，文天祥只能站在水中。更为糟心的是，雨水灌满了鼠洞，一大群老鼠纷纷出逃，四处乱窜，文天祥还必须与老鼠战斗。他也曾大声喊过狱卒，却无人应答，也许是听到了装作没听见。

终于熬到天明，雨过天晴，狱卒开始收拾现场。由于温度上升得很快，而热气散发得很慢，低矮的牢房内瞬间冒出鼠尸的奇臭。牢房之外也好不到哪里去，遍地垃圾，到处散发出难闻的气味。室内室外，一片狼藉。

我们看文天祥如何描述那一晚的大雨滂沱：

> 去年五月望，流水满一房。今年后三夕，大雨复没床……明星尚未启，大风方发狂。叫呼人不应，宛转水中央。壁下有水穴，群鼠走踉蹡。或如鱼泼剌，垫溺无所藏……朝来辟沟道，宛如决陂塘。尽室泥泞涂，化为糜烂场。炎蒸迫其上，臭腐薰其傍。恶气所侵薄，疫疠何可当。楚囚欲何之，寝食此一方。羁栖无复望，坐待

仆且僵。（文天祥《五月十七夜大雨歌》）

最要命的是各种气味混杂在一起：水气、土气、日气、火气、米气、人气、秽气，"诸气萃然"。

那么，一个羸弱的书生，为什么没有被这些恶气、浊气、污气和邪气所压垮而安然无恙呢？文天祥想到了孟子的"我善养吾浩然之气"。这种浩然之气何尝不是天地之间的正气？有了这种天地正气，那些所谓的邪气自然也就无可奈何，而自己也就变得百气莫侵了。

经过长时间的酝酿，终于，那一股浩然之气喷薄而出，成就了文学史上旷古绝今的宏伟诗篇《正气歌》：

> 天地有正气，杂然赋流形。下则为河岳，上则为日星。于人曰浩然，沛乎塞苍冥。皇路当清夷，含和吐明庭。时穷节乃见，一一垂丹青。

关于这首诗，我们将专门分析和欣赏，这里只是先引用第一段。仅此一段，即可看出文天祥的胸襟、气度和格局。身陷囹圄，狭窄的牢房并没有限制住他的思想，他思考的是宇宙、人生，思考的是人生的意义，一口气开列了历史上十二位彪炳千秋的人物，将他们看成秉承天地之正气而生的人物，他们是灯塔，是方向，是楷模，是榜样，是大纛，是丰碑，是先行者，是支撑着自己一往无前的力量。

第十讲　天地正气

以下,我从三个层面来讲述文天祥天地正气的来龙去脉,并对其临终抉择的心路历程作一些辩证分析。

生死抉择

对元朝当政者来说,文天祥是杀还是不杀,的确是一个问题。朝堂之上出现了两种声音。

1282年,元朝新任丞相和礼霍孙上台,提拔重用了不少汉族知识分子。这些人中,很多都向他推荐文天祥,让文天祥出狱做官的呼声越来越大。正好,忽必烈自上都返回大都。在一次上朝的过程中,忽必烈和朝臣们讨论起了治国理政和用人,于是他问道:"南北宰相相比,谁更贤能?"群臣竟然异口同声:"北人没谁比得过耶律楚材,南人没谁比得过文天祥。"

这让原本就求贤若渴的忽必烈更加心动,准备委文天祥以大任。

趁热打铁,王积翁等投降的汉臣见火候已到,把忽必烈对文天祥的欣赏转达给了狱中的文天祥,同时上书忽必烈,要求"释天祥而礼之,以为事君者劝"。

文天祥立即给王积翁写了一封回信："诸君义同鲍叔,而天祥事异管仲。管仲不死,而功名显于天下;天祥不死,而尽弃其平生,遗臭于万年,将焉用之?"文天祥用鲍叔推荐管仲出仕的典故,一方面肯定了王积翁的美意,一方面强调了自己并不是管仲。管仲出仕名扬天下,自己出仕,不但前功尽弃,而且遗臭万年,如何能答应呢?

同时,忽必烈也没有马上听从王积翁的建议释放文天祥,而是让兵马司改善文天祥的伙食,善待文天祥。可是文天祥却托人转告王积翁,"我不吃元朝的饭已经三年了",拒绝了忽必烈的美食。

元朝宰相麦术丁则持相反意见,坚决主张杀掉文天祥。至于被文天祥斥责过的另一拨投降的汉臣,如留梦炎之流,就更是恨不得早早除掉文天祥而后快。

是杀是放,忽必烈的确举棋不定。他深知并欣赏文天祥的才华和能力,他的内政和外交的成功也更多地得益于那些汉臣。可是,文天祥也的确非同寻常——他的影响力太大了。

正当忽必烈举棋不定的时候,接连发生的几件事情直接影响了忽必烈的决断,从而也直接影响了文天祥的生死。

首先是匿名信事件,邓光荐的《文丞相传》和《元史》对此均有记载。

说的是福建有个叫妙曦的僧人,道行非常之高,能预言生死,判断吉凶。忽必烈将其请到大都,待为上宾。妙曦对忽必烈预言说:"十一月,土星犯帝座,疑有变。"

果然,到了冬季,中山府的薛宝住聚众造反,自称是大宋王朝赵家真正的后代,手下聚拢了上千人,声势浩大;而且放出话来,要劫狱救出文天祥。蹊跷的是,此时元朝太子真金又截获了一封密信,信中写道:

"两卫军尽足办事，丞相可以无虑"，"先焚城上苇子，城外举火为应"。

真金当即发布了大都戒严令，同时将瀛国公赵㬎和全太后母子以及赵氏宗室统统迁到了上都以北，让他们远离中原故土，以绝后患。

其实，这两件事虽然凑到了一起，而且都与文天祥有关，但仍然不足以让忽必烈动杀心。

接下来的一件事可就大为不同了：益都千户王著与高和尚联手，趁忽必烈父子前往上都的机会，假冒太子之名，刺杀了留守大都的阿合马。

我们知道，阿合马是一贯主张杀掉文天祥的。他的被刺，引起了朝野震动。尽管王著和高和尚均被逮捕，可是这场内乱的幕后指使却是枢密副使张易，这就使得内乱严重升级，升级到了政治斗争的高度。政治斗争到了如此残酷的程度，不能不引起忽必烈的重视；而且这接二连三的事件都指向了一个人，那就是文天祥。

还有一件事，把文天祥朝着通往刑场的道路又推了一把。

元朝开始，将司天监改为司天台，灵台用来观察天文星象，时台用来观察四时变化，囿台用来观察鸟兽虫鱼。在天人合一观念的支配下，古人认为天象预兆着人间吉凶。正好，十二月七日，司天台上奏了"三台折"，折中所陈天象与妙曦和尚的预言不谋而合了。

所有这一切凑到了一起，使得忽必烈不再犹豫：文天祥不能再留。

文天祥的死期到了，然而，忽必烈仍不死心。在行刑之前，他还想作最后一次努力。

大都皇宫大殿，忽必烈亲自召见文天祥，文天祥仍然只作揖不跪拜。左右侍卫大怒，动用了金棍击打文天祥，文天祥依旧傲然挺立，虽然已是弱不禁风。

忽必烈发话了："'何日洗兵马，车书四海同。'是你写的吗？"

文天祥不卑不亢地回答："是的。"

忽必烈接着问道："你不是希望统一吗？如你所愿,现在天下统一了。你如果能改变你的想法,以事宋朝的忠心来事我,我可以让你去中书省继续做你的宰相。"

文天祥坚定地回答："我受过宋朝五个皇帝的厚恩,人都称我为状元宰相,要我事二姓,那不是我的愿望。"

忽必烈说："既然不愿意做宰相,也可以做个枢密嘛。"

文天祥说："一死之外,别无他求。"

为了证明自己只求一死的决绝,更是为了激怒忽必烈,文天祥一口气列举了元朝对大宋犯下的五大罪状:侵略宋朝、血腥屠杀、招降纳叛、背信弃义、毁宋宗社。站在旁边的翻译吓得目瞪口呆,不敢翻译。

单从声调、表情上,忽必烈也大致可以看出文天祥要表达的意思,于是,只好下令把文天祥再次关进兵马司监狱。

最后一次求生的机会就这样被文天祥断然放弃了;再加上始终坚持要杀掉文天祥的麦术丁等一众朝臣的推波助澜——文天祥既然辜负陛下的恩典,那不如就如其所愿,赐其死吧！忽必烈终于不再坚持。

回到监狱的文天祥知道自己时日无多,该说的都说了,该做的都做了,该见的也都见了,再无牵挂,唯有遗言。于是重新取出早已准备好的遗诗,默诵于心:

> 孔曰成仁,孟曰取义。惟其义尽,所以仁至。读圣贤书,所学何事。而今而后,庶几无愧。(文天祥《自赞》)

熟读之后总觉得意犹未尽,取出笔来,补写了一小序:

　　吾位居将相,不能救社稷,正天下,军败国辱,为囚虏,其当死
久矣。顷被执以来,欲引决而无间。今天与之机,谨南向百拜而
死。宋丞相文天祥绝笔。

　　那么,有一个问题需要辩证地分析一下,那就是文天祥到底有没有
动摇过呢?《宋史》本传上不是还记述过其有过动摇的念头吗?"国亡,
吾分一死矣。傥缘宽假,得以黄冠归故乡,他日以方外备顾问,可也;若
遽官之,非直亡国之大夫不可与图存,举其平生而尽弃之,将焉用我?"
翻译过来的意思就是,国家亡了,我本该就死。假如因为元朝皇帝的宽
容,使我能做个道士,重归故乡,往后以方外之人的身份做皇帝的顾问,
也不是不可以;假如立即就委任我官职,且不说我是一个亡国士大夫,
参与谋求保存国家的大计,而且会把我平生的志向和事业全部毁弃,那
么还为什么要重用我这样的人呢? 这么说来,文天祥似乎也动摇了,只
是因为有所顾虑,而不敢马上就任元朝官职而已。事实上真的如此吗?
我们认为,这是对文天祥的严重误解。因为看一个人不能看其一言一
行,而应看其大处和全局。模拟出文天祥与王积翁那样的对话,从整体
上看不符合文天祥一贯的性格逻辑,而且只是孤证,既没有自证,也没
有其他旁证;或者即便文天祥真的说过类似的话,也很可能是因语气而
被人误解了。一个自始至终都只求一死的人,一个有着那么强大的信
念支撑的人,是没那么容易动摇的。

　　《续资治通鉴·考异》对此作过比较好的分析和评判:"按天祥对孛
罗之言,唯求早死,岂复有黄冠归故乡之想? 论者以为,必留梦炎辈忌
天祥全节者,因积翁有请释为道士意,遂附会其语,以诬天祥尔,今
不取。"

　　"南来冠不改,吾且任吾囚。"有信念的人和没有信念的人是不一样的。纵观文天祥一生的言行,其要做仁人志士,"留取丹心照汗青"的信念是没有动摇过的。

　　退一步说,即便文天祥欲"以黄冠归故乡",也不能证明文天祥就是投降派。"一日无庄老之学,英雄无退步。"传统中国,对士大夫而言,道家与道教是英雄最后的退步之地。伯夷、叔齐、介子推、范蠡、张良、许逊、陶渊明、陈抟、林和靖、郑所南、王船山……这些人,或是"道不行,乘桴浮于海"者,或是"功成名遂身退"者,或是"穷则独善其身"者。尽管他们当中有人始终不以"道士"的身份自居,却无一例外地奉行着老庄之道,成为后人淡泊名利、崇尚自然的楷模,被尊称为"贤人"或者"清高之士"。也就是说,即便文天祥"以黄冠归故乡",仍不失为一个"贤者"。

至死向南

　　元至元十九年(1282)十二月初九日,天寒地冻。监斩官顶着呼啸的寒风,宣读着忽必烈赐死文天祥的诏书。文天祥转身对身边的张弘毅说:"吾事了矣。"

　　这是最后的时刻,已经坐稳了天下的元朝贵族上下却万分恐惧,整个大都全城戒严,一时间金鼓齐鸣,如临大敌。此前,在牢房内,文天祥在张弘毅的帮助下从容地换上了干净的衣服,他要走得有尊严。在饮下张弘毅为他准备好的三杯酒之后,披枷戴锁的文天祥向老朋友张弘毅深深地鞠了一躬,然后义无反顾地登上了囚车。

　　囚车辘辘,前后左右布满了荷枪扛刀的士兵。通往柴市刑场的路上,大都的百姓站立两旁,追随着前行的囚车。人群中隐隐能够听到哭声。

"体貌丰伟，美皙如玉，秀眉而长目，顾盼烨然。"这是任何一个文天祥传记的版本都不会漏掉的关于文天祥形象的描述，可见当年的文天祥是何等的潇洒，何等的玉树临风。而如今，三年多的牢狱之灾已经将他折磨成了白发疏落、嶙峋瘦骨。但其仪态依然凛然，从容不迫，浑身上下都透着一股"士可杀，不可辱"的浩然正气。正所谓"富贵不能淫，贫贱不能移，威武不能屈"，文天祥这样一位大丈夫，无论是面对刀光剑影还是凛冽的北风，都能站得笔直。环顾左右，他似乎听见了百姓们的饮泣，为了呼应这一份感情，他吟唱起自己早已写好的《赴刑歌》：

> 昔年猃狁侵荆吴，恃其戎马恣攻屠。忠臣国士有何辜？举家骨肉遭芟锄。我宋堂堂大典谟，可怜零落蒙尘污。二君从海不复都，天潢失散知有无。衣冠多士沉泥涂，齐民尽陷胡版图。我为忠烈大丈夫，诗书礼乐圣贤徒……

当他吟诵到"我宋堂堂大典谟，可怜零落蒙尘污。二君从海不复都，天潢失散知有无"的时候，两旁百姓暗暗的饮泣变成了失声的痛哭；当他吟诵到"英雄丧败气莫苏，痛哀故主双眸枯。今朝北地丧元颅，英魂直上升天衢"的时候哭声变成了海啸般的狂呼，押送囚车的兵将立马紧张起来，里三层外三层，将囚车四周围了个水泄不通。

想想这是完全可以理解的：三年的囚徒生涯，文天祥的气节、人品、忠烈之气早已传遍了整个大都，有"翰墨满燕市"的说法，甚至整个北方都在关注着文天祥的生死，更不要说原本就一直是大宋版图的南方。文天祥在牢中所作的诗文，也不断由张弘毅、汪元量等传出，早已家喻户晓、妇孺皆知。大都的百姓能够自发泣送这位大宋的状元宰相，并为其事业所感而恸哭，应该是没有丝毫表演成分的。

到达柴市，文天祥被兵丁架着走下囚车，走向刑场。立定之后，文天祥抬眼看了一眼昏黄的天空，阴霾遍布，没有太阳。辨不清方向的文天祥将头转向围观的百姓，朗声问道："大都的父老，敢问哪里是南方？"

在得到百姓的指点之后，文天祥面南而拜，边拜边祷："臣报国至此矣，我宋列圣在天之灵，愿俾天祥早生中原，遇圣明之主，当剿此胡，以伸今日之恨。"

监斩官最后问道："丞相还有什么话要说？回奏尚可免死。"

文天祥答道："拿纸笔来。"

监斩官赶忙命侍卫笔墨伺候。

如有神助，文天祥洋洋洒洒写下了其一生中最后的诗篇——《临刑诗》：

昔年单舸走维扬，万死逃生辅宋皇。天地不容兴社稷，邦家无主失忠良。神归嵩岳风雷变，气吐烟云草树荒。南望九原何处是，尘沙黯淡路茫茫。衣冠七载混毡裘，憔悴形容似楚囚。龙驭两宫崖岭月，貔貅万灶海门秋。天荒地老英雄丧，国破家亡事业休。惟有一灵忠烈气，碧空长共暮云愁。

写完之后，掷笔于地，对监斩官说道："吾事已毕，心无怍矣。"说完，南向端坐，引颈就戮，旁观的百姓哭声震天。眨眼工夫，一场巨大的沙尘暴呼啸袭来，整个大都顿时天昏地暗，咫尺不辨，宫中秉烛而行。元朝高层陷入巨大恐慌，立即宣布全城关闭城门，城防加强巡逻，严令街上行人交谈。

正是因为有着如此怪异的天象，围绕着文天祥的死，演绎出了诸多传言，以至于让忽必烈更加后悔。他为死后的文天祥加封了很多元朝的官职，命令王积翁把这些头衔都写在牌位上；同时命令孛罗洒扫柴市，设置祭坛，公祭文天祥。结果祭奠仪式刚一开始，更大的狂风卷着飞沙走石突然袭来，霎时天地变色，日月无光。有道士真人告诉孛罗说，文天祥被囚三年，终不忘宋；现在朝廷封给他那么多官衔，一定触犯了他的亡灵，不如改换为南宋的头衔再行祭奠。孛罗吓得赶紧命王积翁照道士的吩咐去做。王积翁把写好"前宋少保右丞相信国公"的牌位放上祭台之后，果然风定天清。

祭奠之后，大都的百姓议论纷纷，说这文少保至死都不接受元朝的封赠，生前怎么可能会动摇投降呢？

这时，一位中年妇人步履蹒跚着走向刑场，她就是文天祥的结发妻子欧阳氏。接踵而至的是张弘毅和十位江南义士。他们共同的目的就是为文天祥收尸、装殓。

三杯酒浇祭在燃烧的纸灰之上，义士们开始将文天祥的尸体收殓进棺木。细心的欧阳氏发现了丈夫衣带间的绝笔，取出之后仔细展读，边读边哭，义士们也齐声痛哭。

在江南义士们的帮助下，欧阳氏将文天祥的遗体葬在了距大都小南门五里之遥的大道旁。张弘毅取下了文天祥的须发、牙齿以及指甲，交由欧阳氏带回了老家庐陵。一年之后，文天祥的灵柩由其嗣子文升运回故乡，安葬在庐陵富川东南二十里的婆湖之畔，一代英雄文天祥终于魂归故里。

在文天祥殉节之后，元朝官府查抄了兵马司土牢和文天祥的老家富川。除了一些诗文遗稿之外,一无所获。文天祥在宋为官的时候,俸禄还是比较可观的,《宋史》本传也说他早年生活奢华,"自奉甚厚,声伎满前"。现在看来,正如说其曾经动摇过一样,多半也是不可信的。因为从整体上看,一个连家财都变卖作军费的人,怎么可能一夜之间由奢入俭呢? 如果可能,那只能说明,文天祥压根就不是那样的人。

永垂不朽

文天祥去世了,他的故事和传说才刚刚开始。

忽必烈看到了文天祥这样一个忠君爱国榜样的无穷力量和巨大影响,他多么希望他治下的元朝能多出几个顶天立地的文天祥,所以,对于来自民间的祭奠和纪念,他并没有禁绝和干预。于是,从元朝开始,纪念文天祥的庙宇和祠堂就纷纷建立:故乡文山道体堂为他立了忠烈祠;吉安乡贤祠为他立了雕像——他终于可以与欧阳修、杨邦乂、胡铨等先贤并列,实现了他少年时就发下的誓愿。

荟萃其诗文的《文山先生全集》以及《文山先生纪年录》等书就更是版本众多,一印再印,而且愈是在民族危亡的历史关头就愈是需要重印、加印、一版再版。

文天祥的老友邓光荐也兑现了自己的诺言——为亡友作传。他先是写了《墓志铭》,后又写了《文丞相传》。他不但为文天祥作传,而且还为围绕着文天祥而产生的英雄群体作传,其《文丞相督府忠义传》所讴歌的就是这一王朝末世奋起抗争、气壮山河的英雄群体。

王炎午继《生祭文丞相文》后再作《望祭文丞相文》,汪元量写下了《浮丘道人招魂歌》,谢翱写下了《登西台恸哭记》等传颂千古的经典名篇。

的确，文天祥只有一个，文天祥式的英雄却不止一个。

宋元易代不同于以往任何一次改朝换代。关于赵宋王朝的开明、繁荣程度应该说是有历史公论的。也正因如此，宋元易代之际才产生了那么多以文天祥为代表的死节重义的文臣武将、士族百姓，也成了中国历史上第一个遗民高峰。这里有必要简单地介绍一下遗民这个词。

这里的"遗"是遗留的遗，遗民指的是改朝换代后不仕新朝的人。

朝代更迭，原本就是历史进程中较为普遍的现象。宋代以前也曾经出现过无数次的王朝兴替，也不乏少数民族入主中原建立的政权，其间自然也有遗民现象的产生，但还从来没有任何一次能够像宋元易代这样产生如此大规模的遗民群体，因此有"古之遗民，莫盛于宋"（邵廷采《宋将作监簿修竹先生传》）的说法。这是一个非常值得研究的课题。

崖山一战，蹈海十万，旷古绝今，极为悲壮，不是一个单纯的"愚忠"所能解释的。

有宋一代，为什么有那么多的人讲气节、讲操守、讲骨气、讲大义？这不能不让我们回望赵宋王朝的重文轻武、君臣共治的治国理念和宋儒理学对整个华夏文化所产生的影响。

宋太祖在立国之初就"兴文教，抑武事"，认为"作宰相当用儒者"；地方上则"命士人典州"，并公开宣称"与士大夫治天下"。之后的太宗、真宗、仁宗等皇帝都特别地优遇文人，高其官职，厚其俸禄，并改革完善科举制度，扩大科举取士的名额。更为重要的是把"不得杀士大夫及上书言事人"刻石立碑，置于太庙，垂示嗣君。这就相当于从制度上、法令上为文人、士大夫和提意见的人上了保险。

这种重文优儒的国策造就了一大批忠君死国之士，以至于"中外缙绅知以名节相高，廉耻相尚，尽去五季之陋矣。故靖康之变，志士投袂，起而勤王，临难不屈，所在有之。及宋之亡，忠节相望，班班可书"（《宋史·忠义传序》）。

　　这种"以儒立国""与士大夫治天下"的治国方略的确立，使得宋代士大夫参政议政的热情空前高涨，先秦士人的那种"士为知己者死"的精神在宋代士大夫身上迅速转化为"先天下之忧而忧"的道德理想，特别是在国家民族陷入危亡的时候，更能激发士大夫的这种精神。

　　还有一点就是程朱理学的长期滋养，也使得士大夫更加注重忠孝节义、礼义廉耻。慷慨赴死是容易的，一时冲动就可以；可从容就义是相当难的，因为那需要坚定的信仰和强大的精神支柱。在理学家们的倡导之下，节操观念深入人心，士大夫们更加尚志节、重操守、贵正直、知廉耻。把纲常礼教作为一种绝对的权威植入士大夫的心灵深处，从而成为一种思想中牢不可破的信念，当国家陷入危亡的时候，拥有这种信念的人就不会轻易地走向背叛。谢枋得在致朋友的信中就曾表达过这样的观点："大丈夫行事，论是非不论利害，论逆顺不论成败，论万世不论一生。志之所在，气亦随之；气之所在，天地鬼神亦随之。"（谢枋得《与李养吾书》）文天祥更是在诗中表达了同样的理念："男子千年志，吾生未有涯。"这也是宋元之际遗民众多的原因之一。

　　英雄不是一天炼成的，浩然正气、天地正气也不是一天酝酿的，而是经历长期的砥砺、奋发、发酵而成的。从小就读圣贤书、立志要做忠烈士的文天祥成为这一庞大遗民群体中的代表，自然也不是偶然的，都是上述诸多原因共同作用的。

　　文天祥就是这种政治文化熏陶之下成长起来的典型代表，以至于有元代历史学家黄溍评价云，"宋之亡，不亡于皋亭之降，而亡于潮阳之执；不亡于崖山之崩，而亡于燕市之戮"（黄溍《文丞相祠堂记》），把文天祥的从容就义提高到关乎整个大宋王朝命运的高度。甚至于宋之后大开历史倒车的元明清三代的统治者，都不得不放下傲慢和偏见来尊崇他。即便是走出封建王朝时代的民国时期乃至今天，文天祥的"天地正气"依然会成为我们这个民族的坚贞榜样，历久弥新。因此，文天祥不只是宋代的，也是永恒的；文天祥的"天地正气"也不只是宋代的，而是永恒的。

第十一讲　高山流水

　　文天祥,文章魁首,才子班头。这是中国科举史所制造的六百多位"状元"中真正做到了"留取丹心照汗青"的一个,凤毛麟角的一个,不是靠高位,不是靠财富,不是靠话语权的哄抬,而是靠着由丹田而升起的一股浩然正气。

　　从德祐元年(1275)正月始至景炎三年(1278)十二月止,文天祥起兵勤王,一共三年,两度开府,历战百余,死亡万计,备尝艰辛,百折不挠,可感可慨,可歌可泣。然而,其幕府之所以能开,勤王之所以能行,除了文天祥自己的人格魅力所产生的强大的感召力之外,那些众星拱月般凝聚在文天祥周围的爱国士人,同样不可忽视。成就文天祥的不只是其内在的修为和外在的时代,更有其身边那些闪耀的群星,那些志同道合、前仆后继、生死相随的挚友和知己。而且,有些人的影响力从某个层面来说,恐怕一点都不亚于文天祥。高山流水,有唱有和,因此,不能不讲,不得不说。

张弘毅:千载一鹗

　　在这里,首先要提起的就是张弘毅。

关于张弘毅的史料其实并不多，然而，仅有的散见的一些资料就足够感人的了。

张弘毅，字毅甫，号一鹗，还有一个号叫千载心，庐陵人，年轻时就与文天祥是好朋友。根据《横塘张氏谱》记载，文张两家是世交。少年时代，文天祥与张弘毅就十分要好，一起读书，一起玩耍，一起长大。江西省万安县窑头镇横塘村至今还有一座古寺，名曰"固山古寺"，始建于宋，虽为寺，实为横塘张氏祖祠。文天祥中状元时还为固山寺亲题了"大雄宝殿"匾额，款题"赠张府"，钤印"文山"，现仍存寺内。寺内设张氏历代先祖牌位，并供奉一尊千手观音；侧室塑有文天祥雕像一尊。每逢大年初一，张氏族人均先至寺中祭拜先祖，同时祭奠文天祥。文天祥诗集中也有一首明确提及张千载的诗，题目很长：《拜罗氏百岁母之明日，主人举酒，客张千载心赋诗。某喜，赞不自已，见之趁韵》。全诗如下：

> 翠微三岛近，画阁五云横。春水鸥声滑，夕阳鸦背明。尊前持一笑，花下卧余醒。曾见瑶池母，不为虚此生。

诗是文天祥为"罗氏母亲"百岁祝寿时写的。拜寿的第二天，当主人举酒答谢时，张千载即兴赋诗，文天祥"喜，赞不自已"，并作了一首五律。从诗题中可以看出，张千载的文化程度应该是和文天祥差不多，两人关系很亲密。而且张千载的诗才可能比文天祥还敏捷一点，不然的话，不会他赋诗在前，文天祥"趁韵"在后。"喜，赞不自已，见之趁韵"，是只有在同窗好友之间才常见的情态。而且每逢节庆喜事，两家都互相往来祝贺。

文天祥曾多次推荐张千载以举人的资格担任适当的官职,他却"皆不就",坚决拒绝凭借贵显的老同学的关系当官,一直在乡里耕读为业,安贫乐道。

祥兴元年(1278),文天祥率军抗元失败,在五坡岭被俘,一路北上,被押解到大都。张千载听说后,立即变卖家产,等文天祥一行路过家乡时,为其上下打点,请求跟随文天祥一路北上,照料他的生活起居。元军统帅也很敬仰文天祥的为人,也的确需要这么一个贴心的人来照顾失去自由的文天祥,于是就答应了他。一路上,张千载天天服侍文天祥,喂饭、洗漱,像一个忠实的仆人。

到大都后,文天祥被关押在兵马司土牢,张千载就在附近租了房子住下,每天去给文天祥送饭,风雨无阻。文天祥在狱中写的诗文,张千载花钱买通关系,将它们秘密带出,其中就包括那首著名的《正气歌》。就这样,张千载倾家荡产,不避寒暑,尽心尽力地服侍了文天祥三年;直到文天祥从容就义,张千载才和文天祥妻子欧阳氏以及江南十义士一块收殓了文天祥,并将文天祥的须发、牙齿、指甲连同保存下来的诗文一起带回吉安老家。

宋无名氏的《昭忠录》,元陶宗仪的《南村辍耕录》,明李贽的《焚书》,清毕沅所编《续资治通鉴》等史料文献都曾记载过关于张弘毅与文天祥的故事:有说张弘毅带着文天祥的头颅、牙齿归葬庐陵的;有说张弘毅将文天祥的尸体火化之后再归葬庐陵的;有说张弘毅和文天祥的夫人欧阳氏与十义士先将文天祥葬于大都城南,之后再归葬庐陵的。总之,在文天祥的后事料理中,张弘毅从未缺席,以至于连明朝大思想家李贽都为之赞叹:"生死交情,千载一鹗!"

再想想他的别号千载心,真是名副其实。千载之下,犹能想见其为人。

在文天祥发达时，他隐而不见；在文天祥"万里行役"的途中，他却挺身而出，变卖家产，上下打点，请求随行，照料起居，风尘仆仆，与之共赴患难；在文天祥被囚之后，他在土牢附近租下房子，每天给文天祥送饭；在文天祥就义之后，又替文天祥料理后事。这种真纯大义的乡党之交、同学之情和朋友之谊，在世态凉薄、人情淡漠、朋党勾结、见利忘义、反目为仇、落井下石的庸常社会生活中，显得多么可贵、高贵！也许，这就是小人物的生命亮度。

什么叫义薄云天？什么叫肝脑涂地？什么叫生死至交？在宏大的历史叙事之外，还有这样一些零珠碎玉。

每每读史也每每发呆，历史上还真有这样的先辈存在过？他们缘何活得那样潇洒、坦荡，那样有风度、有气节、讲义气、重然诺？

汪元量：为君纪功

在这里，还有一个人物不能不提起，那就是南宋最后的诗人、琴人和证人汪元量。

汪元量，字大有，号水云，晚号楚狂，钱塘人。他精于诗词，琴艺更是卓尔不群，曾是宫中侍奉谢太后的琴师。临安沦陷之后，他曾随三宫北上，忽必烈也特别欣赏他的才华，曾许给他官职，被他拒绝了，最后以黄冠道士南归。

由此我们可以知道，汪元量是一个李龟年式的宫廷供奉。

一管草堂笔，一张伯牙琴，走遍江南谁人识？他是兴亡看饱人。

汪元量的以琴声面对强权，是一种人性的闪光，虽遭压抑数千年而终于没有消亡。

1280 年的中秋注定是一个不寻常的中秋。一轮明月高挂在元大都的上空,如水的月光透过铁窗泻进低矮的牢房,低矮的牢房里飘出和着凄清旋律的哀怨歌声。文天祥在歌吟,汪元量在弹琴。文天祥吟的是《胡笳十八拍》,汪元量弹的也是《胡笳十八拍》:

> 我生之初尚无为,我生之后汉祚衰。天不仁兮降乱离,地不仁兮使我逢此时。干戈日寻兮道路危,民卒流亡兮共哀悲。烟尘蔽野兮胡虏盛,志意乖兮节义亏。对殊俗兮非我宜,遭恶辱兮当告谁。笳一会兮琴一拍,心愤怨兮无人知……

月光、歌声、牢房。

牢房、歌声、月光。

注入了《胡笳十八拍》歌词旋律的大都中秋之夜越发显得凄凉。

一个艺术家和一个英雄在异国的土地上展开了一种非同寻常的"对话",用琴声、用吟声、用心灵,来表达彼此对江南故国的思念和哀伤。

《胡笳十八拍》相传是东汉女诗人蔡文姬创作的一首乐府诗,长达一千二百九十七字,叙述的是蔡文姬战乱被掳、胡地思乡、忍痛别子归汉的悲惨遭遇。明朝人陆时雍在《诗镜总论》中说:"蔡文姬才气英英。读《胡笳吟》,可令惊蓬坐振,沙砾自飞,真是激烈人怀抱。"

北宋南迁之后,胡笳曲在南宋士族间就非常流行,流行的原因不言自明,南迁的遗民与被掳的蔡文姬在情感上产生了深深的共鸣。蔡文姬尚有归汉的日子,而遗民对故乡只能遥望。汪元量作为琴人,演奏胡箫曲应是其本色当行。中秋节去牢房探望文天祥，演奏《胡笳十八拍》，遥寄的是故国之思，抒发的是黍离之悲，其愁、其怨浩茫无际，却自有一股凛然不可侮的正气隐含其中，更是应景合情，堪称文天祥的知音、知己。

彼时，回响在他们耳畔的绝不仅仅这首《胡笳十八拍》，还应当有老杜的那首《江南逢李龟年》：

> 岐王宅里寻常见，崔九堂前几度闻。正是江南好风景，落花时节又逢君。

斗转星移，物是人非，既"江南没了好风景"，也不是"落花时节"，有的只是异国他乡被囚的不自由之身。作为命运悲剧总导演的历史，早已为这场"黍离"之悲——琴声与歌吟——更换了布景和演员。

面对准备把牢底坐穿的文天祥，能够多次探监，抚慰文天祥孤寂的心灵，除了前面提到的给文天祥送饭、为文天祥收尸的张千载之外，就是这位南宋的艺术家汪元量了，同时也足可看出汪元量绝非等闲之辈。

汪以善琴出入宫掖，颇得谢太后的赏识。汪元量虽然"位卑"，却"未敢忘忧国"，并没有因为这点"恩宠"就对南宋最大的卖国者笔下留情。恭帝德祐二年（1276）正月，元军逼近临安，谢太后为了苟且求生，派大臣向元军统帅伯颜交出了传国玉玺和归降表。作为一介琴师的汪元量，针对不顾疆场血战正酣的死国将士、只知一味自保的南宋宫室，一口气写了十首七绝，名为《醉歌》，用史笔记录下了这段历史的瞬间：

> 淮襄州郡尽归降，鼙鼓喧天入古杭。国母已无心听政，书生空

有泪千行。

乱点连声杀六更,荧荧庭燎待天明。侍臣已写归降表,臣妾佥
名谢道清。

受江湖诗派影响的汪元量,不常用典,不多议论,零度情感,每每以
朴素的语言白描叙事,却让人感受到强烈的悲恸。诗歌据实直书谢太
后屈辱地签署降书一事,寄愤慨、悲悯于冷峻,看似局外的旁观,实则比
局内的呼天抢地还要沉痛。

爱国不一定非得以殉国的形式去表现。人生在世,历史赋予每个
人的角色和使命是不一样的。历史赋予文天祥的是"知其不可为而为
之"的拼死抗争,赋予汪元量的则是用史笔记录下故国沉沦的过程,为
故国存档,为烈士招魂。这种使命感经历了一个由不自觉到自觉的转
变过程:北上之前的"收拾于诗",是一种非自觉的行为;与文天祥狱中
相会之后,同道交心,知己共鸣,这种使命感则走向了自觉,"岂无春秋
笔,为君纪其功"(《妾薄命呈文山道人》)。同时,这种转变从汪元量对
杜诗前后认识的不同上也完全可以看得出来:

少年读杜诗,颇厌其枯槁。斯时熟读之,始觉句句好。(汪元
量《草地寒甚,毡帐中读杜诗》)

这不只是汪元量一人的感受,狱中的文天祥同样有此共鸣。是杜
甫那种以史笔作诗的良苦用心,促使汪元量觉悟到了自己的历史责任:
故国不能就此湮灭,应当有人出来为她祭奠,为她守灵。

最为巧合的是,杜甫也一直是文天祥的偶像。一路行来,事必有

诗,诗法杜甫,沉郁顿挫。其崇拜杜甫到极致的表现,就是大都被囚期间所创作的《集杜诗》。杜甫,竟然成了两位南宋孤臣孽子共同的异代知音。

饱含着诗史意识,承受着亡国之痛、去国之苦,却能将情感克制到零度,然后付之于诗,这便是文天祥和汪元量以学杜为媒所呈现的共同诗风。

平生踪迹只奔波,偏是文章被折磨。耳想杜鹃心事苦,眼看胡马泪痕多。千年夔峡有诗在,一夜耒江如酒何。黄土一丘随处是,故乡归骨任蹉跎。

在狱中,汪元量演奏起《胡笳十八拍》,吟诵着文天祥的这首《读杜诗》,说明汪元量是懂文天祥的。文天祥是借诗写杜,但又何尝不是写自己——写自己的人生遭际,写自己的人格追求,写自己对诗和人生的理解。汪元量虽然没有文天祥那样大起大落的人生传奇,但作为一个曾经常常出入宫廷、国破之后被掳北上的琴人,他的人生际遇与安史之乱时期的杜甫也有着深刻的相似之处。因此,汪元量既是读诗,也是读人;既是读古,也是诵今。

谢翱:西台恸哭

在这里还有一人需要提及,那就是毁家纾难,起兵响应文天祥的勤王之师的谢翱。

谢翱,字皋羽,号宋累,长溪(今福建省霞浦县)人。其父谢钥是闽东经学名家,尤精于《春秋》之学,著有《春秋衍义》《左氏辨证》。谢翱幼年受良好家教,熟读历史上忠臣英烈之传记,养成了落拓不羁的个性与坚贞的气节。咸淳元年(1265),赴临安参加进士考试,不中,从此之后就放弃了科举,转而致力于散文创作。德祐二年(1276)正月,元兵攻陷临安。五月,宋端宗在福州即位,改元景炎。七月,文天祥在南剑重新开府募兵,并传檄各州、郡,举兵勤王。谢翱献出全部家产,并招募乡兵数百人,投奔文天祥,被委为谘议参军。翌年,元兵由浙入闽,谢翱跟随文天祥抗击元军,转战于闽西龙岩、广东梅县、江西会昌等地。文天祥兵败撤退,在赣州章水上与谢翱握别时,曾赠予谢一方端砚,并留下这样的赠言:"此物名曰'玉带生',曾随我蟾宫折桂,宦海浮沉,出使北元,亡命江湖。今又都督诸路,驰骋疆场,与此物草檄飞书,未曾一日相离。今赠于汝,望好自为之。"谢翱涕泪沾襟,双手捧住石砚,长跪不起,啜泣而言:"死不从公死,生如无此生!"

　　元军占领江西之后,谢翱离开赣州,潜回祖籍务农;至元十六年(1279),因不堪元人繁苛的徭役压迫,辗转入浙江。三年后,谢翱听到文天祥被害于燕京柴市的消息,无比悲愤,常独自行游于浙水之东,见到与文天祥握别时相似的景物,便徘徊顾盼,失声恸哭。宋亡后,谢翱笔耕不辍,写下大量缅怀故国和文天祥的诗文,如《哭所知》《西台哭所思》《书文山卷后》等。每逢天祥殉国忌日,谢翱都要野祭。一直到元朝至元二十七年(1290)"哭于子陵之台",终于创作出经典名篇《登西台恸哭记》:

　　　　始,故人唐宰相鲁公开府南服,余以布衣从戎。明年,别公漳
　　水湄。后明年,公以事过张睢阳庙及颜杲卿所尝往来处,悲歌慷

慨，卒不负其言而从之游。今其诗具在，可考也。

余恨死无以藉手见公，而独记别时语，每一动念，即于梦中寻之。或山水池榭，云岚草木，与所别之处及其时，适相类，则徘徊顾盼，悲不敢泣。又后三年，过姑苏。姑苏，公初开府旧治也，望夫差之台而始哭公焉。又后四年，而哭之于越台。又后五年及今，而哭之于子陵之台。

先是一日，与友人甲、乙若丙约，越宿而集。午雨未止，买榜江涘。登岸，谒子陵祠；憩祠旁僧舍，毁垣枯甃，如入墟墓。还，与榜人治祭具。须臾雨止，登西台，设主于荒亭隅；再拜，跪伏；祝毕，号而恸哭者三，复再拜，起。又念余弱冠时，往来必谒拜祠下。其始至也，侍先君焉。今余且老，江山人物，眷焉若失。复东望，泣拜不已。有云从西南来，滃浡淳郁，气薄林木，若相助以悲者。乃以竹如意击石，作楚歌招之曰："魂朝往兮何极？暮归来兮关塞黑，化为朱鸟兮有咮焉食？"歌阕，竹石俱碎，于是相向感唶。复登东台，抚苍石，还憩于榜中。榜人始惊余哭，云："适有逻舟之过也，盍移诸？"遂移榜中流，举酒相属，各为诗以寄所思。薄暮，雪作风凛，不可留，登岸宿乙家，夜复赋诗怀古。明日，益风雪，别甲于江。予与丙独归。行三十里，又越宿乃至。其后，甲以书及别诗来，言："是日风帆怒驶，逾久而后济；既济，疑有神阴相以著兹游之伟。"予曰："呜呼！阮步兵死，空山无哭声且千年矣！若神之助，固不可知；然兹游亦良伟。其为文词，因以达意，亦诚可悲已。"予尝欲仿太史公，著《季汉月表》，如《秦楚之际》。今人不有知予心，后之人必有知予者。于此宜得书，故纪之，以附季汉事后。

时，先君登台后二十六年也。先君讳某，字某。登台之岁在乙丑云。

《登西台恸哭记》以唐代忠烈之臣颜真卿隐喻文天祥,以张巡、颜杲卿在安史之乱中奋力守卫睢阳、常山,城陷而惨遭杀害,隐喻文天祥的英勇就义,通过对文天祥的祭奠哭悼,展现了文天祥义无反顾的爱国之志,表达了作者对英雄殉难的悲恸之情。全文寄意幽深,托辞婉曲,为避元朝统治者的文网,用语多隐蔽,但悲哀沉痛、泣血吞声之情,不能自掩。

由于跟随文天祥辗转各地,对文天祥的人格、气节有更深切的了解,越了解越佩服,越了解越敬仰,越了解越怀念,所以,才有了文天祥殉难后谢翱的多次哭悼。姑苏哭,越台哭,西台哭,终于哭出这篇经典的散文,散文的经典。

《登西台恸哭记》的经典之处在于三大张力。

一是情感积淀的张力:一哭、再哭、三哭。《登西台恸哭记》是文天祥去世八年之后谢翱所写的纪念文字,八年之后还能写出这样椎心泣血的文字,足见谢翱对文天祥的感情之深之厚,更可见出文天祥对谢翱的影响之久之远。对一个没有血缘关系的人的感情能持续八年,八年的情感积淀,八年的情感不减,真可谓是长歌当哭。

二是形势压迫的张力:宋朝灭亡,元朝建立。元朝统治者对士人,一方面是利用各种手段歧视打压,以致有"九儒十丐"之谣。最厉害的打压就是废止科举,彻底切断知识分子的上升之途。另一方面就是拉拢,利用各种手段软化你,从精神上摧垮你。生当历史夹缝的谢翱,对这两种压力有着切肤之痛,所以在记事文里不敢明写文天祥的名字,连一起野祭的友人的名字也不敢写,只好用"甲乙若丙"的代号。祭毕,下台登舟,还为了躲避"逻舟","移榜中流",可见当时形势之险恶。越是险象环生,文章就越是扑朔迷离,欲说还休:祭者谁? 被祭者谁? 同往者谁？不能说，不敢说；不能哭，不敢哭。越是扑朔迷离，就越能表现出情感的深切绵长。

三是爱与恨的张力：对文天祥铭心刻骨的悼念和对元统治专制环境的痛恨，使得此文不能不借助于"春秋笔法"，沉郁顿挫，一哭三叹。哭的是颜真卿，哭的是文丞相，哭的是宋朝三百年江山的烟消火灭，正气浩然，义薄云天。

在这三大张力的作用下，此文是如此沉痛，洋溢着强烈的家国之感，极易燃起国人的爱国激情。每逢国家民族遇到危难，人们总会想起这篇文字，明末清初著名思想家黄宗羲还曾专门为其作注。

最后，《登西台恸哭记》还隐藏着一层魅力，就是西台本身的魅力，这就牵涉西台历史上另一位主角严子陵的魅力。

严子陵就是严光，子陵是其字，浙江余姚人，东汉著名隐士。少有高名，与东汉光武帝刘秀是同学、好友。刘秀即位后，多次延聘严光，但他隐姓埋名，退居富春山。后卒于家，享年八十岁。西台就是传说中的严子陵钓台。严子陵的这种不慕富贵、不图名利的思想品格，一直受到后世的称誉。范仲淹撰《严先生祠堂记》，有"云山苍苍，江水泱泱。先生之风，山高水长"之赞语。这十六个字的评价不只严子陵担得起，文天祥也担得起。这恐怕也是谢翱选择此台作为祭台的一个更为重要的原因。

邓光荐：青史有凭

围绕着文天祥，还有一个人是绕不过去的，那就是第一个为文天祥作传的人——邓光荐。

邓剡，字光荐，一字中甫，又号中斋，庐陵人。《吉安府志》上说他"少负奇气，以诗名世"，与文天祥、刘辰翁同是白鹭洲书院的同学，一并受教于欧阳守道。景定三年(1262)，与刘辰翁同榜中进士。及第之后，他和文天祥一样，并没有汲汲于功名，急于出来做官，而是隐居在家，左丞相江万里多次要他出来做官，他都谢绝了。德祐元年(1275)正月，文天祥奉诏勤王时，邓剡与里人刘洙、何时等人第一批参与进来。后来"挈家入闽，一门十二口同时死贼火中"(《江西通志》)。祥兴中曾官礼部侍郎。崖山兵溃后，邓剡被俘。陆秀夫负帝赴海，邓剡也悲愤投海，但两次都被元兵捞起。张弘范劝降，被拒绝，于是将邓剡和文天祥一同押送元大都，邓因病重被留在建康就医。文天祥在柴市英勇就义后，邓剡不忘友人的重托，怀着极其悲痛而又崇敬的心情，撰写了《文信国公墓志铭》《信国公像赞》《文丞相传》《文丞相督府忠义传》等文，以及《哭文丞相》《挽文信公》等诗，向人们介绍了文天祥的生平事迹，颂扬了文天祥为国为民的精神和坚贞不渝的气节。邓剡作为第一个为文天祥作传的人，自己也有很多著述传世，如《德祐日记》《填海录》《东海集》《中斋集》《中斋词》等。

文天祥与邓光荐有着如此深厚的缘分和交情，诗词唱和是再自然不过的事情。

早在举事勤王前，文天祥就有《回邓县尉中甫》："足下以书议礼，得一往复。最后赐诲，迄今不能报。"表明二人关系非同寻常。

万里行役，北上途中，与失去自由的文天祥形影相随的不是困苦就是寂寥，万幸的是有同样失去自由的邓光荐做伴。相同的命运，漫漫的长途，两位从小就建立起深厚友谊的伙伴以诗歌唱和，互相激励，彼此慰藉，最终也互相成就。

《指南后录》中有两首与邓中甫的酬唱之作——《又呈中斋》：

> 风雨羊肠道，飘零万死身。牛儿朝共载，木客夜为邻。庚子江南梦，苏郎海上贫。悠悠看晚渡，谁是济川人。
>
> 万里论心晚，相看慰乱离。丹成俄已化，璧碎尚无缁。禾黍西原梦，川原落日悲。斯文今已矣，来世以为期。

第一首诗与邓光荐吐露的是自己身世飘零的凄苦之状，第二首写的是国破家亡之痛以及来世还做好朋友的期许。

在行至故乡吉州的时候，文天祥诗兴大发，有多首诗作寄寓故土深情。邓光荐能够读懂其中所蕴含的情感和心志，文天祥与其多有唱和，两首《和中斋韵·过吉作》即为典型：

> 功业飘零五丈原，如今局促傍谁辕。俯眉北去明妃泪，啼血南飞望帝魂。骨肉凋残惟我在，形容变尽只声存。江流千古英雄恨，兰作行舟柳作樊。
>
> 见说黄沙接五原，飘零只影向南辕。江山有恨销人骨，风雨无情断客魂。泪似空花千点落，鬓如硕果数根存。肉飞不起真堪叹，江水为笼海作樊。

在行至建康的第二天，邓剡就病倒了，被送往天庆观治疗。临别之际，二人情笃难分，相互填词作诗，酬唱馈赠。邓剡赋词一阕——《念奴娇·驿中言别》，以壮其行：

水天空阔,恨东风不借、世间英物。蜀鸟吴花残照里,忍见荒城颓壁。铜雀春情,金人秋泪,此恨凭谁雪。堂堂剑气,斗牛空认奇杰。　　那信江海余生,南行万里,属扁舟齐发。正为鸥盟留醉眼,细看涛生云灭。睨柱吞嬴,回旗走懿,千古冲冠发。伴人无寐,秦淮应是孤月。

文天祥依原韵和词一首:

乾坤能大,算蛟龙、元不是池中物。风雨牢愁无着处,那更寒蛩四壁。横槊题诗,登楼作赋,万事空中雪。江流如此,方来还有英杰。　　堪笑一叶漂零,重来淮水,正凉风新发。镜里朱颜都变尽,只有丹心难灭。去去龙沙,江山回首,一线青如发。故人应念,杜鹃枝上残月。

文天祥认为,当前正是豪杰之士大有可为之时,而自己虽不幸遇到风雨波涛而陷身困境,依然壮志未灭,丹心未改。此行北上即使为国殉节,也要化身啼血杜鹃,希望老友不要忘记。

而邓光荐把对文天祥的全部感情和评价都写进了墓志铭:

虽功业不能以尺寸,而志节昭□乎终古。南北之人,无问识与不识,莫不流涕惊叹,乐道其平生。自古节义之大臣,盖不若是之烈云。(邓光荐《文信国公墓志铭》)

琴音好弹,知音难觅。钟子期死后,俞伯牙摔坏了琴,再也不弹。

任何个体的行为都渴望着回应，再大的英雄也渴望有人懂。知己，就是彼此懂得的人，千载难逢，因此，需要加倍地呵护和珍惜。如果文天祥周围没有这些闪耀的群星，那么文天祥的光芒一定不会那么耀眼，更不会光耀千古。

第十二讲　黄钟大吕

"暗淡了刀光剑影,远去了鼓角铮鸣。"

作为王朝的大宋,从 960 年三十四岁的赵匡胤黄袍加身到 1279 年八岁的赵昺被大臣陆秀夫背着投海,共计三百一十九年,在中国古代史上就享年来说也算是相当久的了,但也只是一个历史阶段,早已成为历史的尘烟。然而,文化、历史、艺术意义上的大宋,至今依然鲜活生动。从哪里可以看出来呢? 从柳永、苏轼、李清照、辛弃疾或豪放或婉约的诗词里,从欧阳修、"三苏"、王安石、曾巩议论生风的散文里,从张择端工笔写实的《清明上河图》里,从苏、黄、米、蔡铁画银钩的书法里,从宋人编撰的《三字经》《百家姓》《千家诗》等蒙学教材里,尤其是,从文天祥那黄钟大吕般的诗史里。

无疑,文天祥被我们所熟知,首先应该是从"人生自古谁无死,留取丹心照汗青"这一千古名句开始的,也就是说,文天祥首先是以一个诗人的身份走进我们大众视野的。因此,讲述文天祥的天地正气,怎么可能忽略了他的诗? 最后这一章,我们专门来欣赏文天祥的诗,欣赏他作为一个伟大诗人的独特价值,欣赏他作为一个诗人和作为一个烈士、英雄的知行合一。

《过零丁洋》：不朽情结

零丁洋位于珠江口外，是文天祥被押赴崖山的必经之途。困坐舟中，眼前的地名闻而伤怀，抗元大业山穷水尽，自身已是兵败被俘。往事历历，时局危难。文天祥情如潮水，思如泉涌，用身世之悲、家国之痛凝成了这首七律《过零丁洋》。

毫无疑问，这是一首明志诗，那么，明的是什么志呢？明的是不朽之志。如何才能不朽呢？古人总结了三大途径可以通向不朽：立德、立功、立言。不管有多少途径，说到底，还是一个"人究竟为什么活着？怎样活着才有价值和意义？"的人生问题、哲学问题、终极问题；是自觉的人都必须回答、绕不过去的问题；是一个在来也匆匆、去也匆匆，不满百年的生命旅程上，如何才能让自己的生命焕发出华彩的问题。

文天祥用一首七律很好地回答了这一问题。

首联"辛苦遭逢起一经，干戈寥落四周星"是回忆，是议论，是总结。回忆自己一生的遭际，从幼年读经，追慕先贤，追求仕进，状元及第，募兵勤王，幻想着能靠事功与先贤并列而不朽，直到眼下，战争即将结束，大势已去，败局已定，官兵星散。此联有两点争议：一是对"一经"的解释，有实解和虚解两种。实解为"一部经书"，而且还点明了是《易经》；虚解为"儒经"。二是对"四周星"的解释，同样有实解和虚解两种。实解为"四年的抗元斗争"，将周星解释为岁星，四周星正好是四年光阴；虚解为"一生"。就诗歌的欣赏来说，两组解释笔者都倾向于虚解，一辈子的颠沛流离都源于对儒家经典所阐发的义理的追求，却不料陷于败局。

颔联"山河破碎风飘絮,身世浮沉雨打萍",是眼下,是目前。眼下的现实是国破家亡,山河破碎一如风中飘絮;而自己也是失去自由,身世浮沉一如雨打浮萍。好在比喻的恰切,妙在国家与个人的对举。无论是"风飘絮"还是"雨打萍",说的都是一种失去自由、不能自主的凄凉与哀伤。国破家亡而不能救,个体浮沉而不能主,抒发的是一种一筹莫展、无可奈何之情。由家国而个人,由个人而家国,既没有一味言家国而流于虚浮,也没有一味言个人苦难以至于自怨自艾,而是对举,这就是胸襟与格局。

颈联"惶恐滩头说惶恐,零丁洋里叹零丁",是回忆,是眼下,是感叹,是抒发。好就好在这种过去与现在、地点与地点的对举,对仗是如此工整,音韵又是如此和谐;妙就妙在现实地名与心理情感结合得如此天衣无缝、息息相通,双关得如此意味无穷、石破天惊。"惶恐滩"虽然险恶,但毕竟已经渡过,只能陈说;"零丁洋"浩渺无际,且在目前,唯有长叹。洋的宏大与人的渺小构成强烈对比,孤立无援到如此绝境,只能慨叹命运的无常捉弄。

尾联"人生自古谁无死?留取丹心照汗青",是设问,是抒发,是议论,是升华,是标举,是鼓励,是自勉。乍一看,只觉平常:不就是"生年不满百,常怀千岁忧"的老生常谈吗?不就是"千秋万岁名,寂寞身后事"的旧话重提吗?不就是"人过留名,雁过留声"的民间俗谚吗?而且还有打标语、喊口号的嫌疑。如果单独看这一句,的确是这样;然而,诗是整体,不能割裂与解剖。此一联好就好在是前三联的自然延伸,自然深化,自然升华。没有了前三联,此一联当然空;没有了此一联,前三联也就平。如果前三联是三峡上游的百川汇聚,那么此一联则是三峡本身的波澜壮阔;如果前三联是"星垂平野阔",那么此一联则是"月涌大江流"；前三联是蓄势，此一联则是喷发。不仅如此，此一联的妙处还在于文天祥将其原本只是个体心灵独白的人格宣言，升华为一种普遍的人生价值追求的格言。用孙绍振先生的话来说，这是"人的最高境界，也是诗的最高境界"。文天祥把作诗与做人、诗格与人格融为一体，千秋绝唱，情调高昂，激励和感召着古往今来无数志士仁人为正义事业英勇献身。

关于人与诗的关系，我们下面还要提到，此处暂且按下不表，回过头来我们还是说这首诗的高妙之处。

整体而言，无论是过去的辛苦与惶恐，还是眼前的孤独与寂寥，个体如何才能不朽，始终是困扰着文天祥个人，也是困扰着中国传统知识分子的一个大问题。幼时读经，文天祥就思考着这个问题；成年中状元，操劳国事，为国奔走，一直到从容就义，文天祥一直在思考这一问题，也就是说，针对生死，文天祥是有着充分的思考和准备的，绝非一时的心血来潮，慷慨激昂，故作豪语。终于，他为自己找到了答案：留取丹心照汗青。不只是简单地为名，而是让自己的一颗丹心照彻历史，照亮未来。

《左传》有言："太上有立德，其次有立功，其次有立言，虽久不废，此之谓不朽。""三不朽"能得其一者，便可出类拔萃；得其二者，即可青史留名；得其三者，就可超凡入圣。文天祥可谓是得其三者。论立德，中国古代文明史上，文天祥作为忠烈之士的道德高标鲜有能及者；论立功，文天祥虽然没有像卫青、霍去病、岳飞那样立下过盖世战功，但那主要是因为他生不逢时，单就一片赤胆忠心而论，文天祥也是不遑多让；论立言，文天祥的诗才、文才虽不及李杜光芒万丈，但也算得上自创一格、自成一家了。《过零丁洋》之于文天祥来说，每一联都似有神助，没有雕琢,鲜血书就,浑然天成。这也越发让我们认识到,真正的艺术创作以生命为鹄的,一切的所谓技巧、技法在血的蒸气面前都会黯然失色。

《过零丁洋》虽然也有所本("人生自古谁无死"一句袭自耶律楚材),但其对后世的影响却是远超过之。七百多年来,每当国家民族陷入危亡的历史关头,其中所体现出的慷慨激昂的爱国热情,视死如归的高风亮节,以及气贯长虹、舍生取义的丈夫豪情都会被千百次地吟诵,千百次地书写,千百次地扮演,因为,这是中华民族传统士风美德的最高表现。

《正气歌》: 崇高之美

古希腊思想家朗吉努斯有一篇堪与亚里士多德的《诗学》相媲美的文章——《论崇高》,此后,崇高便成为美学的一个重要范畴。他认为,崇高就是"伟大心灵的回声",首先是一种美,这种美来自客观和主观两个方面。诗人必须先有伟大的人格,才能有崇高的风格,崇高风格是伟大人格在语言上的反映。崇高主要有五个来源:一是"庄严伟大的思想",二是"强烈激动的情感",三是"运用藻饰的技术",四是"高雅的措辞",五是"结构的堂皇卓越"。他的前辈亚里士多德还没有触及过作家的人格问题;贺拉斯虽然涉及了,但只从反面提出,认为当铜臭和贪得的欲望腐蚀了作家的心灵,作家就不能写出好的作品;而朗吉努斯则从审美的高度看待作家的人格修养,并把这视为作家艺术修养的基础,这样一来,就在贺拉斯思想的基础上有了相当大的超越和升华,文艺创作的重点也由贺拉斯的平易清浅的现实主义倾向转到了追求精神气魄宏伟的浪漫主义倾向。

文天祥的《正气歌》，全诗六十句，再加上诗前的小序，从头至尾，大气磅礴，贯串着崇高之美，堪称典范。如果以朗吉努斯《论崇高》的要点一一对应着去分析，就更能见出理论与创作的相互印证、相互阐发、相得益彰。

予囚北庭，坐一土室。室广八尺，深可四寻。单扉低小，白间短窄，污下而幽暗。当此夏日，诸气萃然：雨潦四集，浮动床几，时则为水气；涂泥半朝，蒸沤历澜，时则为土气；乍晴暴热，风道四塞，时则为日气；檐阴薪爨，助长炎虐，时则为火气；仓腐寄顿，陈陈逼人，时则为米气；骈肩杂沓，腥臊污垢，时则为人气；或圊溷，或毁尸，或腐鼠，恶气杂出，时则为秽气。叠是数气，当之者鲜不为厉。而予以羸弱，俯仰其间，于兹二年矣。幸而无恙，是殆有养致然。然尔亦安知所养何哉？孟子曰："我善养吾浩然之气。"彼气有七，吾气有一；以一敌七，吾何患焉！况浩然者，乃天地之正气也。作《正气歌》一首。

按照惯例，小序交代的是《正气歌》写作的缘由：从描写恶劣的生存环境开始，交代自己之所以能在如此恶劣的环境中存活下来，全赖自己从先师孟子那里学来的、养成的一种浩然之气，也就是正气："彼气有七，吾气有一；以一敌七，吾何患焉！况浩然者，乃天地之正气也。"于是，文天祥在接连创作了《五月十七日夜大雨歌》《筑房子歌》等系列诗作之后，终于汇聚了一股精神上的磅礴之气，掀起了情感上的滔天巨浪，熔铸成诗歌史上一块崇高的界碑——《正气歌》。

也就是说，《正气歌》的诞生绝非一时的心血来潮、灵感叩门，而是一生的所学所思，长期的郁积沉淀，一朝的涌泉喷发。所抒发的是在即将到来的死亡面前无所畏惧的原因：我不是我自己，我是历史上所有具备了高尚情操和凛然气节的人中的一员。他们不怕死，我也不怕死；他们高风亮节，正气浩然，我不过是承其源，汲其流。这种以至大至刚的人格魅力书写出来的诗歌，胜过了太多的雕虫之作。

> 天地有正气，杂然赋流形。下则为河岳，上则为日星。于人曰浩然，沛乎塞苍冥。皇路当清夷，含和吐明庭。时穷节乃见，一一垂丹青。

诗的开篇即点出"天地""正气"，有两点作用，一是"定调"，二是"点题"。

正如音乐演奏之前的定调一样，《正气歌》的调门定得特别高，气场特别大。就像高水平的音乐艺术家，一看就是有备而来，有实力，有底气，有水平，否则就是笑话。基调定得如此之高，足见作者胸中不知道汇聚了多少汹涌澎湃的江河湖海。宋诗多议论，此篇堪为证。开篇既是定调，也是点题，点出一个中心议题，或者说是观点。"气"的物理属性就是看不见摸不着，但又无处不在，有"清浊""正邪"之分，而其中的"正气"，一旦与世间纷繁芜杂的万物结合，便被赋予了形状、色彩、声音：在大地上，具体呈现为山川河流；在天空里，具体呈现为日月星辰；在人身上，则具体呈现为一种至大至刚、壮阔豪迈的气度和胸襟，能顶天立地，也能压倒一切丑陋邪恶。不然的话，如何能"沛乎塞苍冥"？这种浩然正气，在天下太平时，具体呈现为君明臣忠，海晏河清；时局危难时,则能于邪恶抬头、世事纷乱的境况中奋然而出,并且青史流传,万古流芳。

开头的前十句为第一节,定调、点题,指出正气之于人类历史的意义,完全与朗吉努斯《论崇高》中所提出的"崇高"的第一个来源——"庄严伟大的思想"相符。

> 在齐太史简,在晋董狐笔。在秦张良椎,在汉苏武节。为严将军头,为嵇侍中血。为张睢阳齿,为颜常山舌。或为辽东帽,清操厉冰雪。或为《出师表》,鬼神泣壮烈。或为渡江楫,慷慨吞胡羯。或为击贼笏,逆竖头破裂。是气所旁薄,凛烈万古存。当其贯日月,生死安足论!地维赖以立,天柱赖以尊。三纲实系命,道义为之根。

以上二十四句为本诗第二节。这一节在音乐演奏上可谓是"急管繁弦"的快板,如暴风骤雨,如江河决堤,一口气开列出十二位历史先贤。首先,这些先贤一定是在作者心中默诵了太久太久,以至于烂熟于心,一张口就喷涌而出。其次,这些先贤除了个别有争议之外,绝大多数都是真正的浩然正气的承载者。再次,就像火炬传递接力,浩然正气需要一代一代的传承,作者之所以一口气列出十二位浩然正气的承载者,不言而喻的就是:该轮到我上场了,火炬终于传递给了我。

当这种正气横贯日月的时候,生死存亡又算得了什么? 作者从其所一贯奉行的儒家伦理出发,高扬着这面正气的旗帜,将其颂扬到可以决定天地人类存亡的高度。这应该说是文天祥对正气意义的继承和阐发,一方面可以看出作者对正气信奉、崇仰的高度以及作为这种正气承载者的自豪；另一方面也可以看出这种正气不只关乎个体的尊严和价值，更关乎社稷的生死存亡，甚至整个人类文明的存续。那么，作者是不是危言耸听、太过夸张了呢？抛开儒家一家之言暂且不论，单纯地从"人活一口气""人争一口气，佛争一炷香"的角度都可以看出文天祥的强调其实并没有过头。不要说儒家之道，任何道德准则不是都要求我们坚守人道尊严，拒绝"率兽食人"的道德沦丧吗？

试将这一节再征之以朗吉努斯《论崇高》中所提到的崇高的第二个来源——"强烈激动的感情"，作者的铺陈、征引是不是非常强烈、激动？自然也是非常崇高！

　　嗟予遘阳九，隶也实不力。楚囚缨其冠，传车送穷北。鼎镬甘如饴，求之不可得。阴房阒鬼火，春院闳天黑。牛骥同一皂，鸡栖凤凰食。一朝蒙雾露，分作沟中瘠。如此再寒暑，百沴自辟易。嗟哉沮洳场，为我安乐国。岂有他缪巧，阴阳不能贼。顾此耿耿在，仰视浮云白。悠悠我心悲，苍天曷有极？

以上二十二句是本诗的第三节，描写的是牢狱恶劣的环境，倾吐的是诗人不能尽忠报国的凄苦心情，抒发的是作者决心为国殉难、视死如归的豪情。下油锅又如何？只要是为国而死，求之不得；牢房阴暗潮湿、鬼火闪闪、死气沉沉，见不到明媚的阳光又如何？千里马与牛同槽、凤凰与鸡同食又如何？这些都算不了什么，身处百沴而不病，至大至刚而恶自退，都在证明着这一脉浩然正气是存在的。诗人难过的是为国捐躯的日子遥遥无期，而不是一己的艰难处境。

哲人日已远，典刑在夙昔。风檐展书读，古道照颜色。

最后四句为第四节，诗人感叹历史先贤虽然已经远去，但他们的壮烈事迹恍如发生在昨天；每当展读他们的故事时，总是被他们那种与日月同辉的形象所鼓舞，一切的魑魅魍魉也就不值得惧怕了。

整首诗，四部分，起承转合，有理、有力、有叙、有议、有思、有情，同样符合朗吉努斯所论述的崇高美的第五个来源："结构的堂皇卓越。"至于"运用藻饰的技术""高雅的措辞"对于《正气歌》来说，就更不在话下：其藻饰之精、修辞之巧、措辞之美也是琳琅满目。

讲了那么多《正气歌》的好，有读者可能要问了：既然《正气歌》那么好，为什么钱锺书先生的《宋诗选注》弃而不选呢？

这的确是一个问题，而且是一个不小的问题，业已成为一件学术公案，纷纷扰扰了很多年。我们首先得承认，钱锺书先生的确眼光不俗，他是大学者，也是大作家，学术功夫、审美眼光都算得上是卓越，其经典学术名著《宋诗选注》不选《正气歌》自有其道理。一开始，钱先生的确没有给出理由；后来，在致日本友人的信中才给出了理由。其理由当与不当暂且不论，即便是给出的理由"当"，也一定不是全部。诗无达诂，权当其一家之言罢了。

钱锺书所给出的不选的理由主要有三点：一是文字蹈袭前人，二是无新意，三是存在逻辑问题。围绕着这三点，很多学者参与了讨论，而且还很热烈。

第一，蹈袭前人，对于一个在文学上有追求的人来说的确是个不小的硬伤，也是历代批评者都会关注和讨论的话题。关于蹈袭之所以能生成话题，说到底还是因为作诗要学习前人，又要自成一家，其间的尺度很难把握、难成共识。

第二，无新意，这点倒是特别值得注意的，也是紧承蹈袭的问题而来。有无新意，非常重要。有了新意，就是化学来新，就是超越，就是化用，就是活用，就是典故，就是旧瓶新酒，就是高超妙绝；没有新意的蹈袭，就是亦步亦趋的模仿。首先，文天祥的确有蹈袭前人之处，这是不容否认的事实，那么关键问题来了，文天祥有没有新意呢？

第三，逻辑问题，这点也是有争议的。钱先生所说的"逻辑问题"具体到《正气歌》就是其中的两个典故："为严将军头，为嵇侍中血。"严将军指的是东汉末年的武将严颜。他原本是刘璋手下的将军，镇守巴郡，被张飞捉住，要他投降，严颜回答说："卿等无状，侵夺我州，我州但有断头将军，无降将军也！"张飞气得哇哇大叫，命左右将严颜牵去砍头。严颜面不改色气不发喘地说："砍头便砍头，何为怒邪！"这倒让张飞特别敬佩，随即就释放严颜，并以严颜为宾客。嵇侍中指的是嵇康之子嵇绍，晋惠帝时为侍中。八王之乱中，惠帝的侍卫都被打垮了，嵇绍用自己的身体遮住惠帝，结果被杀，血溅惠帝衣上。战争结束后，有人要洗去惠帝衣服上的血，惠帝说："此嵇侍中血，勿去！"嵇家原本是反对司马家族的，嵇康作为曹魏集团的拥护者也是被司马家族杀害的，嵇侍中却为保护晋惠帝而死。因此，世人对于严、嵇二人或有贰臣之讥，这与文天祥所追求和仰慕的人格是相抵牾的，钱先生认为不合适。

作为后学，结合钱先生自己所定的标准，笔者揣度，他不选《正气歌》除了说得出口的上述原因之外，一定还有一些说不出口的原因，那就是认为《正气歌》太过"议论"，太少"抒情"，用今天的话来说，太过"标语口号"，杀死了审美情调，一句话，艺术性、审美性不足。

那么，综合说得出口的和说不出口的两种原因，钱先生的不选《正气歌》本身又有哪些值得商榷的呢？

当然有，那就是《正气歌》的确有蹈袭前人之处，但早已超越了前人，是有新意的；《正气歌》的确有逻辑问题，但也是值得商榷的："豪言壮语"因超越"本事"而被引用的例子比比皆是，单纯为某个并不那么理想、伟岸的人物的"豪言壮语"所感动不可以吗？至于"艺术性""美学趣味"不足就更值得商榷了。《正气歌》表面上看慷慨激昂，的确有标语口号诗之嫌，但难能可贵的是，我们在读这些诗句的时候却并没有感觉到"空"，特别是如果结合斯时、斯地、斯人，就更觉得句句在理，笔笔含情。更何况，在《正气歌》铺陈议论的背后，互文、隐喻着丰富的对于圣贤之志的追求，虽然不敢说每一个典故背后都有值得解读的情感、志趣，至少在孟子的"浩然之气"这一典故背后，蕴含着文天祥独特、丰富而又深刻的思想渊源和情感浓度，呈现的是一种以理入诗的独特风格。也就是说，《正气歌》绝不是一篇标语口号式的"质胜于文"的经典，而是一篇"文质彬彬"的经典。

要读懂《正气歌》，不但要读懂文天祥，还必须首先要读懂他所开列的那些历史人物的故事，尤其是孟子的故事。

文学之美正在于类与非类，相与为类；铺陈隐喻，议论兴发，隐而不宣，且以"隐"者为重。如果单单看到《正气歌》的"类"（就是蹈袭）、"铺陈"、"议论"，的确会觉得这首诗有些失色；关键是还应该看到其"非类"（就是超越）、"隐喻"、"兴发"之处，而且二者结合得是如此完美，这就不是单纯的标语口号所能比拟的。

更为重要的是，《正气歌》的伟大和卓越在于人与文的合一，知与行的合一。它并非虚情假意的为作歌而作歌，更不是文学史上那些人文分裂、知行抵牾的沽名钓誉之作。文学史上的绝大部分诗人都是靠着情调、技巧写诗，逞才使气；而文天祥靠的却是鲜血和生命，他是"诗人"

与"烈士"的合一。

古往今来，有很多人作文是作文，做人是做人，儒家的伦理纲常那是用来教育别人的，说给别人听的；轮到自己，自有一番道理和托词。而文天祥却是数千年的文学史上，真正能做到人文合一的文人之一。因此，单纯地从"诗"的角度，从"诗人诗"的角度去衡量《正气歌》，对文天祥来说是不公平的，《正气歌》更应该被称为"烈士诗"。

《六歌》：无情未必真豪杰

"人谁无骨肉，恨与海俱深。"

在万里行役的漫漫长途中，文天祥模仿杜甫的《同谷七歌》，写下了六首关于骨肉亲情的诗，统称为《六歌》，又名《乱离歌六首》；在等待死亡的苦闷煎熬中，狱中的文天祥同样写下了很多思念亲人的诗文，譬如《集杜诗》中的系列——《母》《妻》《二女》《长子》《次子》《长妹》《次妹》《弟》等。这些诗篇，每一首都浸透着对亲人的思念、爱与歉疚，真可谓字字血、声声泪，足可见出文天祥作为英雄大丈夫的另一个侧面：儿女情长。如果说《过零丁洋》《正气歌》是一种宏大抒情，堪称伟大豪迈；那么《六歌》等书写亲情的诗篇则是一种儿女情长，堪称柔肠百结。尤其是《六歌》，每歌首句皆用叠字，如泣如诉，一唱三叹；结句"歌正长""歌孔悲""歌愈伤"等，又如《诗经》之联章复沓。叙、议、兴、比，交错使用，随情走笔，全无刻意，而又警句频出。最后一首开头感叹"我生我生何不辰"，以"出门一笑天地老"作结，于儿女情长中，见其凛然之气。

《六歌》太多、太长，我们故只选《六歌》中最后一首，看一看这个大丈夫最为内在的柔软：

我生我生何不辰，孤根不识桃李春。天寒日短重愁人，北风随我铁马尘。初怜骨肉钟奇祸，而今骨肉相怜我。汝在北兮婴我怀，我死谁当收我骸。人生百年何丑好，黄粱得丧俱草草。呜呼六歌兮勿复道，出门一笑天地老。

他感叹生不逢时，由于人间直道穷，虽然中了状元，反倒给亲人带来了不少的灾难。如今自己被俘北行，虽然时时刻刻思念着亲人，却爱莫能助，就连死了都不知道谁能为自己收尸。人生百年，好也罢，歹也罢，荣也罢，辱也罢，都只不过是一场大梦。唉，不说了，不说了，在人生的大道面前，一切的喜怒哀乐都不再重要。

有宋以来，少有昂扬之气。大宋诗坛，更是理重情轻。直到宋末，渐入卑弱。文天祥的出场，标志着一种昂扬的崛起。《过零丁洋》《正气歌》虽悲壮豪迈，仍不掩书卷气；《六歌》虽然缠绵悱恻，仍不掩豪迈气。宋亡之际，能自抒胸臆、撼人心魄又意象万千的诗文堪称黄钟大吕。可是，文天祥好像从来就没有把自己当成一个诗人。

君降而臣未降，国灭而相不灭，家破而心难破，这才诞生了文天祥的诗。

那么，到底该如何认识文天祥的诗呢？

刘勰在《文心雕龙》中曾经论述过文与情的关系。他说，一个人，如果自觉地把自己看成一个文人，天天为创作搜肠刮肚，推敲雕琢，惶惶终日，惴惴不安，然后，抱团取暖，沽名钓誉，互称大家，皆为妙手，这样只能是为文造情，矫揉造作。一个人，如果以天下为己任，铁肩担道，悲天悯人，如鲠在喉，吐而后快，诗成而止，从来都不会在乎风雅与否，这才是为情造文。那么，文天祥就是典型的为情造文者。他从不以诗人自居，因为他本人就是一部宏大的诗篇。

后　记

　　在十八集"品读红楼小人物"录制、播放完之后,我和《百家讲坛》制作团队都收获了很多的赞誉。趁热打铁,制片人曲新志先生和编导兰培胜先生问我对文天祥有没有研究;我说没有全面的研究,只是曾经写过一篇关于文天祥的文章,收录在我早年的一本小册子《遗民的江南》之中。他说,这么看还是有一定基础的,至少不陌生;如果你愿意,可否继续开讲文天祥? 这也是栏目早就拟定好的一个选题。我说可以试试。

　　就这样,归来之后,马不停蹄。从图书馆借阅了数册文天祥的诗词传记,精读细品;从网络上搜集了大量的关于文天祥的文献资料,尤其是传记资料,认真研读。一段时间下来,心中便有些许底气,于是便联系编导兰先生:我可以讲。

　　就这样,十二集的"天地正气文天祥"讲稿在边教学、边研读、边构思中撰成。

　　关于文天祥这个人,我已经在本书序言和正文当中作了详细的分析和阐释,按理说无须多言;只是觉得意犹未尽,总以为还有一些该说的没有说。那就是:文天祥和中国文化史上那些文臣武将们相比,其

独特魅力到底在哪里？思来想去，的确还有一点特别值得叙述的，就是
文天祥是中国文化史上少有的做到了"人文合一"的一个，凤毛麟角的
一个。

在中国文化史上，虽然大家都在读书、为文、做人、做事，无论是修
齐治平、风花雪月还是金戈铁马，真正能把读书、写诗和做人统一起来
的其实并不多。也就是说，绝大多数人都能拎得清：读书是读书，做人
是做人；写诗是写诗，做事是做事。就像长篇电视连续剧《大明王朝
1566》中胡宗宪教训博览群书的高翰文的台词："圣人的书是拿来给别
人看的，拿来办事是百无一用。"当然，这句话并不是说明胡宗宪是个伪
君子，他只是非常有针对性地开导高翰文，不能太书生气。他在提审
"特别能办事"的马宁远的时候就是另一番说辞："平时叫你读《左传》
《通鉴》，你不以为然；叫你读一读王阳明的书，你更不以为然，还说什么
'半部《论语》可治天下'。现在我问你，孔子说的'知其不可为而为之'，
是什么本意？"的确，如果万事不知变通，一律按照圣贤书上所教的去
做，那是一定要头破血流的；如果万事都凭着一己的好恶，不知敬畏、口
是心非，口诵尧舜之言而身为桀纣之行，做出任何跌破底线的事都能为
自己找到托词，那一定是最可怕的。

这倒不是说圣人之书的确无用；不是说做人就一定要圆滑世故、人
格分裂；更不是说读书和做人就应该彻底分开，不应该合而为一。而是
说圣人之书所言的圣人之理，是超越现实生活之上的，是高蹈的理想；
而现实世界和人生经验又过于复杂、严峻，甚至残酷。如果一切都要照
圣人之言去行事为人，很难幸免于处处碰壁，甚至会牺牲掉生命。

文天祥就生在那样一个理学高扬的时代，就是那个把"读圣贤书"
和"做完人"严格统一起来的人，真正做到了"不苟且"的人。所以，他才

一生辛苦,一生疲惫,一生孤独,一生悲壮,用其四十八年的人生践行着自己死后要与先贤并列的诺言,完成了其末代顶梁柱的神圣使命,始终念念不忘的是"留取丹心照汗青"。殊不知,当他写下《过零丁洋》这首诗的时候,他应该是非常之绝望的:他的君已经降了,他的国已经亡了,他的家已经散了,他所赖以存在的那一套圣人之道、理学精神,随着蒙古铁骑的践踏也行将湮灭。从实体到精神,他已经一无所有,唯余残命一条。所谓的"忠君报国"突然被抽空了,幻灭感接踵而至,那么,他的坚持还能有什么意义呢?就是说,文天祥是非常清醒地意识到,他所谓的坚持很可能会变得荒诞虚无,可是他依然选择了坚持,面对一个巨大的虚空的未来。

要而言之,文天祥就是孔子所说的"知其不可而为之"的典型,把"读书""写诗""为人""做事"高度统一的典型,试图弥合"理想"与"现实"巨大鸿沟的典型。这是真正的悲剧精神,是中华民族特别稀缺的精神资源。这是文天祥作为伟丈夫的又一重要原因。

最后,我要感谢文天祥研究的先贤和同仁们,他们分别是:《文天祥评传》的作者修晓波先生,《长歌正气:文天祥传》的作者郭晓晔先生,《文天祥的生平和思想》的作者杨正典先生,《末朝顶梁柱——文天祥》的作者杨友今先生,《文天祥别传》的作者史在新、刘敬堂先生,等等。没有你们对文天祥的深入研究,没有你们所提供的文献资料,我的讲述和撰述都将无从谈起,谢谢你们!

感谢中央电视台《百家讲坛》的曲新志先生,感谢您每一次谬赏和鼓励,并于百忙中赐予大序,使拙著大为增色;使我自身惭愧而快意,惶恐而慰藉。虽然亲炙不多,却莫逆于心。

感谢百家讲坛的兰培胜先生,感谢您为讲坛付出的辛劳。没有您的提议和鼓励，就没有"品读红楼小人物"和"天地正气文天祥"的诞生。

感谢《百家讲坛》团队的孟庆吉、李伟宏、李锋等诸位贤达；苦心经营一个栏目二十余年，在这个媒体融合的时代的确不易。

感谢东方出版中心多年来的信任和支持。感谢妻子、儿子这些年来的幕后付出。你们见证着我的辛苦，我也见证着你们的付出，作为家人，互为见证。

是为跋。

田崇雪

2025 年 3 月 30 日